불꽃이 된 독립운동가 매헌 윤봉길

들어가는 말

　지구상의 모든 인류는 국가라는 공동체를 만들어 살아왔어요. 그들이 남긴 발자취를 우리는 '역사'라고 부르지요.
　오늘날 최첨단 사회를 사는 현대인들은 눈앞에 놓인 현재와 가까운 미래만 바라보며 정신없이 살고 있기에, 역사를 한낱 낡고 오래된 이야기로 단정해 버리곤 합니다. 하지만 역사는 단순히 지나간 시간을 기록하는 데 그치지 않습니다. 현실을 더 잘 보고, 미래를 올바르게 이끄는 역할을 도맡고 있지요.
　그래서 역사를 아는 건 매우 중요합니다. 역사는 미래를 살아갈 우리에게 값진 지혜와 교훈을 주는 산증인일 뿐 아니라, 오늘날 우리의 삶을 만들어 준 조상들의 공을 문득문득 떠올릴 수 있도록 만들어 주기 때문이에요.

　이제 위대한 독립운동가이자 불멸의 영웅으로, 어려운 여건에도 불구하고 일제(일본 제국주의)에 맞서 싸워 민족의 자주정신과 독립 정신을 북돋우는 데 앞장선 매헌 윤봉길 의사의 삶을 되돌아보고자 합니다.
　어린이 독자들은 이 책을 읽고 오천 년을 향해 달려가는 우리 역사에 자부심을 느낄 수 있을 거예요. 또 일제의 식민 지배를 극복해 낸 조상들의 모습을 통해 지혜롭고 정의로운 삶이 어떤 것인지 곰곰이 생각해 보게 될 거랍니다.
　나아가 윤봉길 의사가 한 인간으로서 사랑하는 가족과 명예를 버리고 조국을 위해 자기 한 몸을 바친 희생정신에 깊은 감동까지 느낀다면 더 좋겠지요. 개인의 삶이 무엇보다 중시되는 요즘, 공동체가 왜 필요한지에 대해 잠깐이나마 고민해 볼 기회가 되었으면 합니다.

  윤봉길 의사의 희생으로 유명무실했던 대한민국 임시 정부가 되살아났어요. 윤봉길 의사의 독립운동에 당시 중국의 주석이었던 장제스는 매우 깊은 감동을 받았다고 해요. 이를 계기로 장제스는 우리나라의 독립을 물심양면 돕고 카이로 선언으로 한국의 독립을 문서로 공인하기까지 했답니다. 이렇듯 독립운동 역사에 큰 발자취를 남긴 윤봉길 의사의 업적을 새롭게 만나 보세요.

  우리는 윤봉길 의사를 대개 물통 폭탄을 던진 독립운동가 정도로 기억하지요. 그러나 사실 윤봉길 의사는 농촌 계몽 활동을 이끈 계몽 운동가이자, 삼백여 수의 시를 남긴 문학가이

기도 했습니다.

  이 책을 읽고 상하이 의거에 성공한 독립운동가, 농민들의 의식을 일깨운 계몽 운동가, 시를 사랑한 문학가 등 다양한 모습을 지닌 윤봉길 의사를 기억해 주시길 바랍니다.

  이 책이 출판되기까지 도움을 주신 매헌윤봉길의사기념사업회 명노승 회장님과 감수를 봐 주신 이성섭 상임이사님, 임미선 학예사님과 정혜은 대리님 등 기념관 여러분께 감사를 드립니다.

  자, 그럼 매헌 윤봉길 의사를 만나러 떠나 볼까요?

민병덕

차례

들어가는 말 ◆ 4

1부 _ 일본을 꾸짖는 아이

용의 탄생 ◆ 13

만세 운동이 일어나다 ◆ 20

오치서숙에서 학문을 쌓다 ◆ 30

아이를 잃은 슬픔 ◆ 37

2부 _ 농촌 계몽에 나서다

묘지 팻말 사건의 참모습 ◆ 49

부흥원을 세우다 ◆ 58

삼엄해지는 일본의 감시 ◆ 69

단단해지는 독립 의지 ◆ 75

집을 떠나다 ◆ 82

3부 _ 독립운동가의 길로

머나먼 망명의 길 ◆ 97

김구를 만나다 ◆ 107

시계를 바꾸다 ◆ 121

일본의 심장을 멈춰 세우다 ◆ 128

매화꽃이 되어 ◆ 135

매헌 윤봉길 의사의 생애 ◆ 150

1부

일본을 꾸짖는 아이

"선생님, 조선 사람들이 나라를 되찾겠다고
만세를 부르는 것이 왜 나쁜 일입니까?
그리고 일본이 조선에 은혜를 베푼다면
왜 사람들이 만세 운동을 할까요?
우리를 위한다면서 왜 수업은 안 하는 것입니까?"

-본문 24쪽에서

용의 탄생

　찌는 듯한 더위에 가만히 앉아 있어도 등에 땀이 주르륵 흘렀다. 원상은 밭일을 잠시 멈추고 마루에서 더위를 식혔다. 새벽부터 밭에 나와 일을 했더니 온몸이 쑤시며 노곤했다. 원상은 자기도 모르게 마루에 누워 잠이 들었다.

　꿈틀. 마치 담이 움직이는 것 같았다. 원상은 무엇인지 의아해하면서 담 쪽으로 다가갔다.
　"……!"
　몸길이가 양팔 너비보다 긴 싯누런 구렁이였다. 그 순간 구렁이가 원상 쪽으로 몸을 틀며 다가왔다.
　원상은 손을 저으며 달아나려 했다. 하지만 안간힘을 써도 도무지 발이 떨어지지 않았다. 그사이 구렁이는 원상의 몸을 감고 원상의 입속으로 들어갔다. 원상이 몸부림을 치는 모습에 깜짝 놀란 남편 윤황은 부인을 깨웠다.

"여보, 괜찮아요?"

그제야 원상이 눈을 뜨고 긴 한숨을 내쉬었다.

"싯누런 구렁이가 담에서 나와 내 몸으로 들어가는 꿈을 꾸었어요."

"구렁이가 얼마나 컸나요?"

"용처럼 생긴 것이 한발*은 되는 듯했어요."

원상의 말에 윤황이 함박웃음을 지었다.

"여보, 이제부터 몸조심을 해야겠어요. 아무래도 우리 집에 인물이 날 듯합니다."

"무슨 말씀이신가요?"

"태몽을 꾼 것 같아요."

"태몽이라고요?"

원상도 태몽이라는 말에 기쁨을 감추지 못했다. 이후 원상은 농사일도 힘이 드는 것은 피하고, 친정에서 시집올 때 가져온 책들을 읽으며 태교를 했다.

시간은 물 흐르듯 흘러 어느덧 아기를 낳을 때가 되었다. 윤황은 부인이 순산하기를 바라면서 마당을 서성거렸다.

*한발: 팔을 벌렸을 때 한쪽 손끝에서 다른 쪽 손끝까지의 거리.

"으앙!"

우렁찬 아기 울음소리가 가야산이 품은 충청남도 예산군 덕산면 시량리 마을의 정적을 깨웠다. 울음소리가 어찌나 컸던지 마을 사람들이 모여 수군거렸다.

"분명 대장군감이야!"

"우리 마을의 경사일세!"

마을 사람들은 아기의 탄생을 자신의 일인 양 기뻐했다.

윤황은 아기를 낳느라 고생한 원상을 다독였다.

"수고했어요. 울음소리가 큰 것을 보니 분명 큰 인물이 될 것 같아요."

윤황은 아이의 이름을 '우의'라 지었다. 우의는 성장하면서 '봉길'이라고 불렸다. 우렁찬 울음소리와 함께 세상에 등장한 봉길은 고려 시대 북쪽 국경을 침범하던 여진족을 쫓아낸 윤관 장군의 28대손이었다.

봉길의 집안은 원래 가난했으나, 할아버지가 부지런히 황무지를 개간하면서 큰 부자가 되었다. 할아버지는 밤낮을 가리지 않고 땅을 논밭으로 바꿔 놓았기에 '두더지'라는 별명으로 불렸다. 할아버지는 개간한 대부분의 땅을 봉길의 큰아버지 윤경에게 물려주었고, 둘째였던 봉길의 아버지 윤황에게도 가족들이 먹고살기 충분할 정도의 땅을 물려주었다.

큰아버지 윤경은 공부도 하면서 주변에 꽤 이름을 날렸지만, 아버지 윤황은 오직 농사일에 매진했다. 반면에 《소학》까지 공부할 정도로 학문에 소질이 있었던 어머니 원상은 자식을 공부시키려는 열의가 아주 높았다. 원상은 누워 있는 봉길을 바라보며 혼잣말을 했다.

"애야, 너는 용이 내려준 아이란다. 이 애미는 너를 훌륭하신 윤관 장군처럼 키우고 싶구나."

봉길은 원상의 바람대로 건강하게 자랐다. 봉길이 세 살이 되던 1911년, 봉길의 가족은 도중도에서 다리를 하나 건너 새로운 집으로 이사를 했다.

봉길이 다섯 살이 되자, 원상은 윤황에게 말했다.

"우의가 큰아버지께 《천자문》을 배우도록 하지요."

그러자 윤황은 반대했다.

"내 뒤를 이어 농사를 지을 텐데 글은 배워 무엇하려고요?"

하지만 원상은 고집을 꺾지 않았다.

"우리 우의가 용의 상서로움을 받았다고 당신이 말씀하셨잖아요. 반드시 가르쳐야 합니다."

원상의 굳은 의지에 윤황은 고집을 꺾었다.

다음 날부터 봉길은 큰아버지의 가르침을 받았다. 그런데 봉길에게 생각지 못한 어려움이 닥쳤다. 말을 더듬는 버릇이 있었던 것이다. 큰아버지의 선창에 봉길을 비롯한 아이들이 따라 읽었다.

"하늘 천, 땅 지."

"하늘 천, 땅 지."

"하하느느늘 처천, 따따땅 지."

이중창이 되었다. 봉길의 더듬거림에 다른 학동들이 웃었다. 그러자 윤경이 봉길에게 말했다.

"우의야, 천천히 따라 해 보거라. 하늘 천, 땅 지."

"하하느느늘 천, 따따땅 지."

학동들의 웃음소리가 더 커졌다.

"조용히들 하거라."

윤경이 야단하자 학동들은 웃음을 멈췄다.

"다시 한번 천천히 해 보거라."

"하하하느느늘 천, 따따따당 지."

봉길이 긴장하자 더듬거림이 더 심해졌다.

수업이 끝나고 윤경은 원상을 불렀다.

"우의에게 말을 많이 하도록 해야겠습니다."

"무슨 말씀인지요?"

"수업을 하는데, 긴장을 한 것인지는 몰라도 말을 많이 더듬거립니다."

원상은 봉길의 말이 느리다는 것은 알고 있었다. 하지만 이렇게 전해 들으니 당황스러웠다.

"네, 제가 앞으로 신경을 많이 쓰겠습니다."

그날 이후 원상은 봉길에게 더욱 관심과 정성을 기울였다. 매일 저녁상을 물리면 봉길과 마주 앉아 《천자문》을 읽었다. 봉길은 처음에는 더듬거리며 글자를 읽었지만, 차츰차츰 나아졌다.

"하늘 천, 땅 지."

"하하느늘 천, 따따땅 지지."

"우의야, 천천히 자신 있게 읽어 보렴."

어머니의 자상한 말에 봉길은 자신감이 생겼다.

"하늘 천, 땅 지."

"그래, 잘 읽었다. 앞으로 그렇게 읽으면 되는 거야."

원상은 봉길을 안으며 머리를 쓰다듬었다. 한번 학문을 터득하기 시작한 봉길은 대나무가 자라듯 쑥쑥 지식을 빨아들였다.

만세 운동이 일어나다

1918년 4월, 열 살이 된 봉길은 덕산공립보통학교에 입학했다. 학교는 큰아버지가 운영하던 서당보다 규모도 컸고, 선생님들도 많았다. 그런데 봉길이 보기에 이상한 점이 있었다.

'왜 선생님들이 군복에 칼을 차고 교실에 들어오는 거지?'

'우리나라 말은 조선어라고 부르면서 왜 일본 말을 국어라고 하는 거야?'

'왜 조선인 교사들은 일본인 교사들에게 마냥 굽신거리지? 일본인 교사들은 당당한데 말이야.'

이때는 일본이 우리나라를 무단 통치하던 시기였다. 무단 통치는 헌병 경찰 통치라고도 하는데, 군대나 경찰을 동원하여 총과 칼로 국민의 자유를 억누르는 정치였다. 학교에서 학생들을 가르치는 교사들마저 허리에 칼을 찬 채로 학생들을 위협하

듯 수업을 진행했다. 봉길은 이런 모습이 이해되지 않았지만, 학교에 가는 것은 재미있었다. 특히 산수와 음악, 그리고 체육을 좋아했다.

봉길이 1학년을 마무리할 무렵인 1919년 3월, 고종 황제가 일본에 의해 독살되었다는 소문이 퍼졌다. 곧이어 고종 황제의 장례식에 모인 사람들이 독립 만세 운동을 벌인다는 소식도 전해졌다.

사실 3·1 운동의 움직임은 제1차 세계 대전이 끝나면서부터 시작되었다. 1918년 독일이 연합국에 항복하며 제1차 세계 대전이 끝났는데, 연합국은 파리에서 회의를 열어 전쟁의 뒤처리를 논의했다. 이때 미국의 윌슨 대통령이 '식민지 지배를 받는 국가들을 독립시키자'는 의미를 담은 '민족 자결주의'를 발표했다. 민족 자결주의는 식민 지배에서 벗어나고자 발버둥 치던 여러 국가에 '강대국의 지배에서 벗어나 자유로운 국가가 될 수 있다'는 희망을 심어 주기에 충분했다.

이런 세계정세의 흐름에 발맞춰 국내외 독립운동가들의 독립운동 역시 활발해졌다. 김구와 안정근을 중심으로 한 신한청년당, 사회주의에 접근해서 독립운동을 이끌어야 한다는 한인사회당 등 여러 단체가 생겨났다.

그중에서도 1911년에 만들어진 항일 독립운동 단체 '중광단'

을 중심으로 1918년에 〈대한 독립 선언서〉가 발표되었다. 이 독립 선언서는 이후 우리나라 독립 항쟁에 크나큰 영향을 미치게 된다.

'무오 독립 선언'이라고도 불리는 이 독립 선언서에는 김교헌·김규식·박용만·박은식·신규식·신채호·윤세복·이승만·조소앙 등 민족 지도자 39명이 참여했다.

> 아, 똑같은 마음과 뜻을 지닌 형제자매여, 우리 국민들의 근본되는 강령인 독립을 기억할 것이오. 동양의 평화를 보장하고 인류의 평등을 실시하기 위한 자립인 것을 명심할 것이고, 하늘의 뜻을 받들어 모든 식민 지배에서 벗어나 새로운 국가가 세워질 것임을 확신하며, 몸을 내던져 독립을 완성할 것이오.

만주에서 독립운동이 활발히 진행되자, 도쿄에 유학하던 한국 학생들 역시 정치 단체를 조직하고 독립운동을 시작했다. 이들은 김도연·서춘·이종근·최근우·최팔용을 중심으로 2월 8일 간다구 조선 기독교 청년회관(YMCA)에서 우리나라의 독립을 선언했다.

이에 자극을 받은 국내에서는 손병희를 비롯한 천도교 인사, 이승훈을 비롯한 기독교 인사, 한용운을 비롯한 불교 인사들이 은밀히 만나 우리 민족의 독립 의지를 드러낼 독립 선언식을 계획했다. 2월 27일, 이 내용을 담은 독립 선언서 2만여 부가 전국에 배포되었다.

독립 선언식을 치르기로 한 3월 1일, 민족 대표 33인은 원래 계획했던 탑골 공원이 아닌 태화관이라는 음식점에 모였다. 사람들과 일본 경찰들과의 충돌을 우려해 장소를 바꾼 것이었다. 이때 탑골 공원에서 한 학생이 독립 선언서를 낭독했고, 이로써 전국으로 들불처럼 번져 나갈 만세 운동이 시작되었다.

처음에 3·1 운동은 비폭력 투쟁이었다. 하지만 일본 경찰과 헌병들이 우리 민족을 총과 칼로 탄압하자, 관공서를 공격하거나 일본 헌병을 공격하는 사람들도 생겨났다.

3·1 운동은 국외에서도 일어났다. 만주에서는 3월 15일 전후에 서간도, 북간도, 훈춘 지방을 중심으로 수천 명 또는 1만여 명의 한국인들이 모여 독립 만세 운동을 전개했다. 미주 지역에서는 대한인국민회 중앙총회에서 미주, 멕시코, 하와이 체류 동포 전체 대표 회의를 열고, 4월 14일부터 사흘간 필라델피아의 미국 독립기념관에서 한인자유대회를 개최하면서 시가 행진을 벌였다.

봉길이 있는 예산에서도 만세 운동이 시작되었다. 3월 3일, 옆 마을인 고덕의 한천 시장에서 만세 운동이 일어나자 곧바로 덕산에서도 사람들이 모여 만세 운동을 벌였다.

읍내에서 만세 운동이 일어났지만, 덕산공립보통학교의 분위기는 여느 때와 마찬가지로 평온했다. 이때 교실 앞문이 갑자기 열렸다. 일본인 교장이었다. 숨을 몰아쉰 교장이 대뜸 입을 열었다.

"오늘 수업은 여기서 끝이다. 그리고 앞으로 연락이 있을 때까지는 학교에 오지 말거라. 또 시장에서 나쁜 사람들이 시끄럽게 떠들고 있으니, 절대로 가서는 안 된다."

이때 한 학생이 손을 번쩍 들었다.

"교장 선생님, 조선 사람들이 나라를 되찾겠다고 만세를 부르는 것이 왜 나쁜 일입니까?"

일본인 교장에게 질문을 한 학생은 다름 아닌 봉길이었다. 일본인 교장의 표정이 금세 차가워졌다. 그러나 학생들이 보는 앞이라 애써 마음을 가라앉히며 말했다.

"일본이 조선에 베풀어 주는 은혜가 얼마나 큰지 알고 있지 않느냐? 그런데도 독립 만세를 외치는 것은 일본에 대한 배신이다. 그러니 나쁜 조선인이지."

"교장 선생님, 일본이 조선에 은혜를 베푼다면 왜 사람들이 만세 운동을 할까요? 그리고 우리를 위한다면서 왜 수업은 안 하는 것입니까?"

일본인 교장은 마침내 분노가 폭발했다.

"바로 너 같은 놈들 때문에 수업을 하지 않는 것이다!"

버럭 소리를 지른 일본인 교장은 교실 문을 박차고 나갔다. 교장이 나가자 봉길은 조선인 교사에게 물었다.

"선생님, 사람들이 외치는 독립의 의미가 무엇입니까?"

조선인 교사는 교실 밖의 눈치를 살피며 조용한 목소리로 말했다.

"옛날처럼 우리나라 사람끼리 나라를 세워 함께 도우며 살자는 뜻이지."

그 말을 들은 봉길이 물었다.

"조선 사람이 조선 독립을 말하는 건 당연하지 않습니까?"

선생님은 학생들의 눈을 외면한 채 말했다.

"아직 너희는 나이가 어려서 잘 모를 거야. 하지만 스스로 깨닫는 날이 오겠지. 이제 집으로 돌아가거라."

선생님은 학생들과 눈도 마주치지 못한 채 학생들을 돌려보냈다. 봉길은 몇 명의 친구들과 장터로 갔다. 장터에는 많은 사람들이 만세를 부르고 있었다.

"대한 독립 만세!"

"만세!"

사람들의 손에는 태극기가 들려 있었다. 수많은 사람이 흔드

는 태극기와 목 놓아 외치는 만세 소리를 들으니 봉길은 가슴이 벅차 눈물이 흘렀다. 이때 일본 헌병들이 몰려왔다.

"흩어지지 않으면 처벌할 것이다!"

일본 헌병의 말에도 사람들은 꼼짝하지 않고 만세를 외쳤다. 그러자 일본 헌병들은 사람들을 향해 칼을 휘둘렀다. 때로는 총을 쏘기도 했다. 사람들은 일본 헌병을 피해 흩어졌다. 그 모습에 봉길은 화가 났다. 하지만 일본 헌병을 노려보는 것 외에는 할 수 있는 게 없었다. 봉길은 아직 너무 어렸다. 사람들이

역사 더 알아보기

제암리 학살 사건

화성의 제암리(당시 경기도 수원군) 학살 사건은 일제가 우리 민족에게 저지른 대표적인 만행 중 하나다. 3·1 운동이 전국적으로 퍼져 나가면서 제암리에서도 만세 운동이 일어났는데, 일제는 마을 사람들을 교회 건물에 밀어 넣은 후 문에 못질을 하고 밖에서 총격을 퍼부었다. 그런 다음 증거를 남기지 않기 위해 교회에 불을 질렀고, 창문을 통해 건물을 빠져나오려는 사람들은 총을 쏘아 죽였다. 또 마을을 돌아다니며 닥치는 대로 동네 사람들을 죽이고 불을 질렀다. 이때 만행으로 주민 28명이 죽고 집 81채가 불탔다.

또한 일제 침략자들은 평화롭게 독립 만세를 외치는 우리 국민들을 감옥에 가두고 고문하여 수많은 인명 피해가 발생했다.

흩어지자 봉길도 쓸쓸히 집으로 발걸음을 옮겼다.
 집으로 돌아오자 아버지와 어머니가 만세 운동에 대해 이야기하고 있었다. 부모님의 대화를 들으며 봉길은 일본인들에게 우리나라 사람들이 너무 큰 피해를 입었다고 생각했다. 그렇게 어린 봉길의 마음에는 일제에 대한 미움과 분노가 자리 잡았다.
 당시 전국에서 일어난 만세 운동으로 우리 민족 7천 5백여 명이 희생당했다. 부상자가 1만 6천 명이 넘었고, 5만여 명이 감옥에 갇혔다.

오치서숙에서 학문을 쌓다

3·1 운동의 영향은 봉길에게도 다가왔다. 학교에서는 오직 일본 사람의 심부름꾼을 길러낼 목적으로 일본 글과 일본 말, 그리고 간단한 산수를 가르쳤다. 봉길은 더 이상 이런 교육을 받고 싶지 않았다. 조국의 독립을 위해서는 새로운 학문을 익혀야 한다고 생각했다. 봉길은 학교를 그만두기로 결심했다.

"아버님, 어머님. 드릴 말씀이 있습니다."

"무슨 일이냐."

아버지와 어머니는 심각한 표정으로 말하는 봉길을 바라봤다.

"오래도록 생각해 보고 말씀드리는 것이니 들어주셨으면 합니다."

봉길이 뜸을 들이자 어머니가 먼저 말을 꺼냈다.

"무슨 말을 하려는데 이리 뜸을 들이니? 걱정하지 말고 어서 말해 보렴."

"학교를 그만두려고 합니다."

봉길의 말에 어머니는 눈을 크게 떴다.

"무슨 소리를 하는 것이야? 너는 용을 품은 사람이야. 장차 큰 인물이 될 텐데, 당연히 공부를 해야지."

"공부는 계속할 것입니다. 하지만 일본인들이 시키는 공부는 저에게 아무 도움이 되지 않아요."

"그게 무슨 말이냐?"

"일본인들은 자기들이 부려 먹는 데 도움이 되는 교육만 하고 있어요. 저는 조선인만이 할 수 있는 공부를 하고 싶습니다."

아버지와 어머니는 어떻게 말해야 할지 몰라 당황스러웠다.

"그래도 학교는 졸업해야 하지 않겠니?"

"아니오. 학교보다는 우리나라의 말과 역사를 가르치는 곳을 찾겠습니다."

봉길의 뜻이 확고하자 아버지는 봉길이 학교를 그만두는 것을 허락했다.

학교를 그만둔 봉길은 집에서 2킬로미터쯤 떨어진 가막고개[*]에 사는 성주록 선생을 찾았다. 성주록 선생은 성삼문[**]의 후손

---

[*] **가막고개**: 까마귀가 많이 모여 있다고 하여 까마귀 고개로도 불렸다.

[**] **성삼문**: 조카인 단종을 쫓아내고 조선의 제7대 왕이 된 세조에 맞서, 단종을 다시 임금으로 만들기 위해 애쓰다 죽임을 당한 사육신의 한 사람.

으로 오치서숙이라는 글방을 운영하고 있었다. 그는 학문이 깊고 인품이 훌륭하기로 마을에서 이름난 선비였다.

"선생님께 가르침을 받고 싶습니다."

"자네는 학교에 다닐 나이인데, 나에게 배우겠다고?"

"네, 학교는 오직 일본인의 심부름꾼만 기르는 것 같아 싫습니다."

어린 봉길의 말에 성주록 선생은 고개를 끄덕였다.

"부모님께 허락은 받은 것이냐?"

"네."

"알았다. 네가 기대하는 만큼 내가 열심히 가르쳐 주마."

이렇게 봉길은 성주록 선생의 제자가 되었다. 오치서숙에서는 《대학》부터 시작하여 《논어》, 《맹자》, 《중용》의 사서와 《시경》, 《서경》, 《역경》의 삼경을 가르쳤다. 이때 봉길이 배운 학문은 그의 인격에 커다란 영향을 미치게 되었다. 봉길은 오치서숙에서 한학을 공부하면서도 〈동아일보〉, 〈조선일보〉 같은 신문과 〈개벽〉 등의 잡지를 통해 국내외 정세도 꼼꼼히 살폈다.

어느 날, 봉길이 옷가지를 가지러 집에 왔을 때였다.

"우의야, 이리 와 앉거라!"

"무슨 일이세요?"

부모님의 부름에 봉길은 무슨 일인가 싶어 자리에 앉았다.
"네 나이가 어느덧 열다섯이구나. 그래서 네 배필을 정하려고 하는데……."
"아버님, 어머님이 정해 주신 배필이라면……."
봉길은 쑥스러운 듯 얼굴을 붉혔다.
"오래전부터 성주 배씨 집안의 여식과 혼담이 있었다. 너보다 나이가 한 살 많지만 이해심이 많고 인품이 훌륭하니, 너에게는 하늘이 맺어 준 짝인 듯하구나."
"네, 알겠습니다."
열네 살 봉길은 열다섯 살 배용순과 결혼했다. 용순은 봉길의 마음을 이해하면서 시부모님을 지극한 효성으로 모시고, 시동생들과도 돈독한 우애를 나눴다.

오치서숙에서는 한 달에 두 번 보는 '강'이라는 시험과 봄가을에 열리는 '시회'가 있었다. 강은 선생님이 지정한 글을 외우고 그 뜻을 풀이하는 방식으로 진행되었다. 선생님은 학동들의 실력을 확인할 때가 되면 사나흘 전에 제자 중 한 명에게 시험 소식을 알려 주었다. 그러면 그 학동이 알아서 다른 학동들에게 시험 범위를 알렸다. 오치서숙의 강 제도는 학동들의 학문을 높이는 독특한 가르침이었다. 강에 빠지거나 세 번째 물음까지 제대로 답을 하지 못하면 상급으로 올라갈 수가 없었다. 봉길은 강이 있을 때마다 막힘이 없었다.

그날도 봉길은 평소와 다름없이 오치서숙으로 향했다. 그런데 학동들의 분위기가 평소와 달랐다. 가만 보니 강에 답할 준비를 하는 것이 아닌가. 봉길은 깜짝 놀랐다. 오늘 강이 있다는 이야기를 아무에게도 듣지 못했다. 친하게 지냈던 학동들도 귀띔조차 해 주지 않았다. 다들 봉길을 골탕 먹이기로 의기투합한 것이 틀림없었다. 학동들의 눈이 일제히 봉길에게 쏠렸다가 흩어졌다. '이번에는 어려울 거야.'라고 말하는 것 같았다. 봉길은 상처 입은 마음을 드러내고 싶지 않아 태연하게 행동했다.

드디어 강이 시작되었다. 일문 일문이 끝날 때마다 탄성과 한숨 소리가 엇갈려 나왔다. 서너 명의 학동이 지나고, 봉길의 차례가 되었다. 모든 시선이 봉길에게 쏠렸다.

성주록 선생의 매서운 질문이 떨어졌다. 봉길은 당당한 목소리로 거침없이 대답했다. 봉길의 답변이 끝나자 성주록 선생이 고개를 끄덕이며 빙그레 웃음을 지었다. 학동들 역시 봉길에게 미안한 듯 겸연쩍은 미소를 보냈다.

봄가을에 열리는 시회는 일정한 글자를 지정하여 운을 내면, 오언시나 칠언시*를 짓는 행사였다. 봉길이 열다섯 살이 되던

*오언시, 칠언시: 한 구가 다섯 글자나 일곱 글자로 된 한시.

해, 수암산 기슭의 두엄바위에서 한가위 시회가 열렸다. 봉길이 집을 나서는데 아내가 기다리고 있었다.

"여보, 시험 잘 보세요."

"고마워요."

아내는 시험장으로 향하는 봉길에게 엿을 주면서 주먹을 불끈 쥐어 보였다. 시험을 볼 때 엿을 먹는 풍습은 예전부터 있었다. 봉길은 아내가 주는 엿을 먹으며 대회장으로 갔다. 시회가 시작되었고, 아내가 준 엿 덕분인지 봉길은 제일 먼저 시를 지어 제출했다. 그 모습을 본 다른 학동들이 말했다.

"에이, 이번 장원도 우의일 거야."

"글쎄 말이야."

학동들의 예상대로 봉길은 오치서숙의 시 쓰기 대회에서 '학행*'이라는 칠언시를 지어 장원을 차지했다.

    길이 드리울 그 이름 선비의 기개 맑고

    선비의 기개 맑고 밝아 만고에 빛나리

    만고에 빛나는 마음 학문에서 우러나며

    모두 학행이 있어 그 이름 스러짐이 없으리

*학행(學行): 배움과 실천을 아울러 이르는 말.

아이를 잃은 슬픔

　1925년 12월, 임신한 용순의 몸이 점점 무거워졌다. 오치서숙에서 숙식을 해결하며 공부하던 봉길은 아내에게 도움이 되지 못해 미안했다. 용순은 봉길과 결혼 후 맏며느리로 집안의 큰일을 맡아 고생하고 있었다. 봉길은 옷가지를 가지러 올 때만 얼굴을 볼 수 있었다. 용순은 남편이 그리울 때면 잠시 일손을 멈추고 오치서숙이 보이는 가막고개를 쳐다보았다. 그런 날이면 저녁 무렵 봉길이 오곤 했다.
　오늘따라 공부에 집중하지 못하는 봉길에게 성주록 선생이 물었다.
　"윤 군, 무슨 일이라도 있는가?"
　"아, 예……."
　봉길은 머뭇거리며 얼버무렸다.

"편하게 말해 보게."

"사실은 제 처가 해산할 날이 다가오기에 걱정이 되어서요."

"곧 좋은 소식이 있겠구먼. 여기서 이러지 말고 어서 집에 가서 부인을 살피게나."

"네, 알겠습니다."

봉길은 한달음에 집으로 달려갔다. 용순은 막 진통이 와서 아기를 낳으려는 중이었다. 어머니가 봉길을 반갑게 맞았다.

"잘 왔다. 아무리 공부가 중요해도 아이가 태어날 때는 아버지가 옆에 있어야지."

봉길은 겸연쩍어하면서 머리를 긁적였다.

얼마 후 울음소리와 함께 아이가 태어났다.

"살림 밑천이 태어났구나."

아이를 받은 이웃집 아주머니가 큰 소리로 말했다. 당시에는 보통 첫째로 태어난 딸을 '살림 밑천'이라고 불렀다. 다들 출세하여 집안을 일으킬 수 있는 아들을 원했기 때문에, 딸이 태어나면 집안 살림을 보게 하곤 했다. 그래서 첫딸은 동생들을 돌보는 보모가 되기도 하고, 때로는 부모 노릇을 대신하기도 했다. 이런 이유로 '첫딸은 살림 밑천'이라고 한 것이다.

봉길은 아이를 낳느라 고생한 용순을 위로했다. 용순은 아들을 낳지 못해 남편이 서운할까 봐 고개를 숙였다.

"아들이 아니라서요……."

"무슨 말씀이오. 당신과 아이가 건강한 것이 최고입니다."

봉길은 아이의 이름을 어떻게 지을까 고민했다.

'일제의 탄압으로 모든 사람이 어렵게 살아가고 있지만, 우리 딸은 편안하면서도 남들을 도울 수 있길 바라는 마음으로 편안할 '안(安)'에 남을 돕는다는 뜻의 '순(淳)'으로 하자.'

봉길은 아버지의 생각을 듣기 위해 사랑채로 갔다.

"아버지, 봉길입니다."

"그래, 들어오거라."

봉길이 방 안으로 들어서자 아버지가 말했다.

"아버지가 되었구나. 축하한다!"

"고맙습니다."

"이제 아버지가 되었으니 더욱 말과 행동을 조심하기 바란다."

"네, 명심하겠습니다. 그리고 아기 이름을 지었습니다."

"그래, 어떻게 지었느냐?"

"편안할 '안'에, 남을 도와준다는 의미의 '순'으로 해서 '안순'이라고 지었습니다."

"지금 시대가 시대이니만큼 어렵고 힘든 사람을 돕는 게 중요하지."

"이름이 마음에 드시는지요?"

"나야 좋지. 그래도 너희 부부의 의견이 가장 중요하지 않겠니?"

"고맙습니다."

아버지에게 인사를 한 후 봉길은 아내 용순에게 아이의 이름을 '안순'이라고 지었다고 이야기했다. 그리고 아이를 쳐다보며 이름을 불렀다.

"안순아!"

자기를 부르는 걸 아는 걸까. 아이는 눈을 깜빡이면서 웃음을 지었다.

안순은 봉길과 용순, 그리고 할아버지와 할머니의 사랑을 받으며 건강하게 자랐다.

그러나 1929년 안순이 네 살이 되던 해, 안순은 손으로 눈을 자주 문질렀다. 봉길은 낮에는 농사를 짓고, 밤에는 야학과 계몽 단체인 월진회 활동으로 안순과 마주할 시간이 없었다. 용순은 걱정이 되었지만, 봉길에게는 말을 하지 않았다. 그러나 안순이 눈을 비비는 일은 점점 잦아졌다. 용순은 '온천물로 눈을 씻기면 낫는다'는 말에 덕산 온천물을 떠다가 안순의 눈을 씻겼지만, 효과를 보지 못했다. 안순이 걱정된 용순은 야학을 마치고 집으로 돌아온 봉길에게 말했다.

"아무래도 안순의 눈병이 심해지는 것 같아요. 병원에 가 봐

야겠어요."

"언제부터 그랬어요?"

"조금 되었어요. 당신이 바쁘셔서 저 혼자 치료해 보려고 했는데……."

용순은 모든 것이 자기 잘못인 양 말을 잇지 못했다.

"너무 걱정하지 말아요. 병원에서 치료받으면 나을 수 있을 것이오."

다음 날, 봉길은 모든 일을 미루고 안순과 함께 삽교역 부근에 있는 태창병원에 갔다. 안약을 처방받고 집으로 와서 안순을 치료했지만, 안순의 눈은 나아지지 않았다. 봉길은 더 큰 병원에 가기로 했다. 예산읍에 있는 해동병원을 찾아 안순을 입원시켰다. 아파서 우는 안순을 보면서 봉길은 마음이 찢어지는 것 같았다. 용순은 안순을 간병하다가 몸져눕기까지 했다. 통증에 힘들어하는 안순의 곁에서 봉길은 일기를 썼다.

○월 ○일

안순의 아픔이 날카로운 칼날이 되어 늘 쉬지 않고 내 마음을 찌르는구나.

○월 ○일
명절이 다가와도 한숨 끝날 날이 없구나. 달아 달아, 15일의 둥근 달아, 묻노니 너의 힘이 그것뿐이냐. 내 딸아이에게 빛이 되어 병을 낫게 해 다오.

봉길은 아버지로서 자식의 병을 고쳐 주지 못하는 자신의 무기력함을 탓했다. 봉길과 용순의 정성 어린 돌봄에도 안순은 1929년 6월 21일 끝내 하늘나라로 떠났다. 봉길과 용순은 첫 아이를 자신들의 잘못으로 잃었다는 죄책감에 밥도 제대로 먹지 못했다. 하지만 마냥 손을 놓을 수도 없는 처지였다. 야학이나 월진회의 중심에 봉길이 있었기 때문이다. 봉길은 힘을 내서 일을 나섰다. 용순도 마음을 추스르고 다시 집안 살림을 살폈다.
'안순아, 다음 세상에는 아버지와 어머니가 지금까지 못다 한 사랑을 듬뿍 줄게.'
두 사람은 세상을 떠난 안순에게 다짐하며 서로를 위로했다.

― 더 알아보기

어린시절

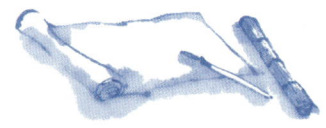

광현당

1908년 태어나 네 살까지 살았던 초가집이에요. 1974년에 크게 손질해 고치면서 광현당이라는 이름을 붙였지요. 윤봉길 의사의 탄생을 빛에 견주어 '빛이 나타난 집'이라는 의미를 담았답니다.

▲ 어린 시절 윤봉길 의사가 드나들던 광현당 안채의 현재 모습이에요. 충청남도 예산군에 있어요. 사적 299호로 지정되어 보존 중이에요.

저한당

윤봉길 의사가 성장한 곳으로, 네 살 때부터 중국으로 떠나기 전까지 여기서 살았어요. 윤봉길 의사는 이곳에서 학문을 익히고 야학과 계몽 운동에 힘썼지요.

▲ 저한당의 현판이에요. '어려운 상황에 처한 한국을 건져낸 집'이라는 뜻을 지니고 있답니다.

시인 윤봉길

윤봉길 의사는 틈틈이 시를 지었다고 해요. 윤봉길 의사가 남긴 시를 통해, 상하이 의거가 인간의 존엄성에 바탕을 두었다는 사실을 알 수 있어요.

수심(修心)

목계에 굽이굽이 흐르는 한줄기 시냇물
수덕사 깊은 계곡에서 스스로 샘솟아
내 몸의 더러운 때 깨끗이 씻어 버리고
마르지 않고 영원히 흐르고 또 흐르리

대나무

대의 여섯 가지 좋은 점 죽림칠현 되어
사계절 변하지 않아 한 가지 색으로 짙구나
도를 꿰뚫고 학문을 닦으니 절개 곧고
높은 덕 받아들여 이미 마음 비웠다네
고운 금빛 서리 맞은 잎 밝은 일 올 테고
맑은 소리 가지 끝 이슬, 짙은 녹음 띠었네
맑은 바람 불어와 빗질 마냥 빽빽이 이르니
이 곳 대나무 원림을 옛 친구들이 찾네

2부 농촌 계몽에 나서다

"우리 민족의 자유를 억누르는 식민 통치에 대항하여
광주 학생들처럼 일본에 맞서 싸워야 합니다.
사람을 잘 가르치면 교육을 통해 민족의 무지를 일깨우고,
정치를 잘한다면 나라를 구하는 정치를 해야 합니다.
그래야만 삼천리 금수강산을 되찾을 수 있습니다."

- 본문 81쪽에서

묘지 팻말 사건의 참모습

열여덟 살이 되던 해, 성주록 선생이 봉길을 조용히 불렀다.
"나는 더 이상 자네에게 가르칠 것이 없네. 자네의 지식이 나를 뛰어넘은 것 같으니, 이제 이곳을 떠나 나보다 훨씬 뛰어난 스승에게 가르침을 받게."

그리고 이별을 기념하며 봉길에게 '매헌'이라는 호를 지어 주었다.

이후에도 봉길은 종종 오치서숙 근처 산자락으로 산책을 나서곤 했다. 그날도 봉길은 산책을 하면서 《논어》, 《맹자》, 《대학》, 《중용》에 나오는 글을 외우고 있었다.

그때 한 사내가 숨을 헐떡이며 공동묘지 비탈길을 내려왔다. 가슴에는 팻말이 한 아름 안겨 있었다. 공동묘지의 묘지 팻말을 전부 뽑아온 듯했다. 그가 봉길에게 다가와 물었다.

"글을 아십니까?"

"예. 압니다만, 무슨 일입니까?"

봉길의 말이 끝나자 그는 안고 있던 팻말을 봉길 앞에 내려놓았다. 봉길의 예상대로 팻말은 묘지 주인의 이름을 적은 묘표였다. 당시 사람들은 공동묘지에 조상을 묻는 걸 꺼렸다. 대부분 집안 소유의 산이나 성씨가 같은 사람들이 공동으로 마련한 문중 산에 묘지를 만들었다. 형편이 어려운 사람들이나 공동묘지에 묘를 썼다. 봉길은 사내의 행동이 괘씸하다 못해 어이없었다.

"무슨 일로 묘지 팻말을 죄다 뽑은 것입니까?"

"아버님을 저 산모퉁이에 모셨는데, 어딘지 도무지 찾을 수가 없습니다. 도와주십시오."

그는 아버지 산소를 찾으려 했지만, 글자를 몰라 찾을 수가 없었다. 그래서 묘지 팻말을 전부 뽑아 글을 아는 사람에게 물어보려 했던 것이다. 봉길의 마음은 무너져 내렸다.

"아버님의 함자가 어떻게 됩니까?"

"김선득입니다."

봉길은 묘지 팻말을 살펴보고 나서 말했다.

"본관이 김해가 맞습니까?"

"네, 맞습니다."

그의 얼굴은 이제 아버지의 묘소를 찾았다는 듯 환해졌다.

"여기 이 팻말이 아버님 것 같습니다."

"고맙습니다."

봉길은 그에게 물었다.

"묘지 팻말을 뽑은 곳에는 표시를 해 두었습니까?"

그는 당황한 얼굴로 고개를 저었다.

"역시 그냥 뽑아오기만 했군요. 큰일이네요. 당신 아버님의 묘소는 물론이고 이 묘표의 주인들도 모두 묘소를 잃게 되었으니 말입니다."

봉길의 말에 남자는 망연자실한 표정으로 땅바닥에 주저앉았다.

'무지가 죄로다. 이것은 이 청년 한 사람만의 통곡이 아니라 글을 모르는 이 나라 국민의 통곡 소리다. 일본 침략자들보다 더 무서운 것이 바로 이것이다.'

묘지 팻말 사건 이후 봉길은 사람들에게 글을 가르치는 문맹 퇴치 운동에 나섰다. 더불어 농촌을 일으키고, 나아가 일본의 침략에서 벗어나기 위한 항일 운동을 하기로 결심했다.

봉길은 동네 청년들을 모았다.

"지금 일본인들은 우리 땅을 빼앗은 것도 모자라 우리가 애써 수확한 쌀마저도 빼앗아 가고 있습니다. 일본은 우리가 물리쳐야 할 적입니다. 그런데 또 하나의 적이 있습니다. 바로 글을 모르는 것입니다. 글을 모르니 우리를 속여 뭐든 빼앗아 가도 당할 수밖에 없습니다.”

봉길의 말에 동네 청년들은 고개를 끄덕였다.

1920년대에 일본은 조선에서 '산미 증식 계획'을 펼쳤다. 산미 증식 계획이란 조선을 쌀 생산 기지로 삼아 쌀 생산량을 늘리고, 이렇게 수확한 쌀을 일본 본토로 가져가는 계획이었다. 일본은 한반도에서 생산한 쌀을 빼앗아 가며 우리나라 사람들에게는 만주에서 생산된 밀가루나 콩을 배급했다.

봉길은 우리나라가 식민지가 된 것도, 쌀을 수탈당하는 것도 사람들이 글을 모르기 때문이라 여겼다. 그래서 일본으로부터 독립하기 위해서는 반드시 글을 깨쳐야 한다고 생각했다. 문맹 퇴치 운동을 항일 운동으로 연결하려고 했던 것이다.

"그래서 글을 배운 우리가 글을 가르치면 어떨까 합니다."

"좋습니다!"

청년들이 한목소리로 찬성했다.

"그럼 지금 당장 시작합시다."

봉길의 말에 청년들이 물었다.

"어디서 가르쳐야 할까요?"

"당장은 장소가 없으니 우리 집 사랑방에서 시작합시다."

"언제가 좋을까요?"

"낮에는 농사일을 해야 하니, 아무래도 밤에 가르치는 것이 좋겠습니다."

"그럼 교재와 칠판을 준비합시다."

"그럽시다."

봉길과 동네 청년들은 두세 명이 한 조가 되어 준비 작업을 했다. 동네를 분주히 돌아다니며 야학을 알리고, 공부를 해야 하는 이유를 설명했다.

드디어 야학이 문을 열었다. 그러나 찾아온 사람은 서너 명뿐이었다. 봉길과 청년들은 기대보다 훨씬 낮은 반응에 실망했지만, 포기할 수는 없었다.

"사람들의 생각을 바꿔야 합니다. 여자들은 밥이나 하고 빨래만 하면 된다는 생각부터 바꿔야 해요. 여자들도 공부를 해야 아이도 잘 키우고 집안의 경제도 일으킬 수 있습니다. 암탉이 울면 집안이 망한다는 것은 일본인들이 만든 말입니다. 무식한 사람들이 많아야 우리나라를 지배하기 쉬우니까요."

봉길과 청년들은 남녀를 가리지 않고 동네 청소년들의 명부를 작성했다. 그리고 집집마다 방문하여 '왜 공부를 해야 하는지'를 설명했다.

"여자들이 밤길을 다니면 너무 위험하지 않은가?"

어른들은 밤늦은 시간에 귀가하는 딸들을 걱정했다. 이에 봉길은 야학이 끝나면 청년들이 여학생들을 집까지 바래다주도록 했다. 봉길과 청년들의 노력으로 공부를 하겠다는 사람들이 점차 늘어, 어느새 야학은 열기로 가득했다. 하지만 학생들이 늘다 보니 새로운 문제가 생겼다. 교재가 부족했던 것이다.

> **역사 더 알아보기**
>
> ### 이름이 많았던 조선 시대 사람들
>
> 조선 시대에는 아이가 태어나면 어릴 적 이름인 '아명'을 지었다. 당시의 아이들은 첫돌 전에 홍역이나 천연두로 세상을 떠나는 경우가 많았기 때문에, 나쁜 귀신을 막고 굶주림을 면하라는 뜻에서 주로 천한 이름을 붙이곤 했다. 그래서 황희 정승의 아명은 돼지를 뜻하는 '도야지'였고, 조선의 26대 임금인 고종의 아명은 '개똥이'였다.
>
> 남자는 열여섯 살이 되면 신분을 증명하는 호패를 지닐 수 있었는데, 이때 비로소 정식 이름이 생겼다. 그러나 정식 이름인 관명*은 함부로 부를 수 없었다. 그래서 관명 대신 부르는 이름인 '자'를 함께 지었는데, 덕을 구체화해서 짓는다 하여 '표덕'이라고도 했다. 이외에도 별명처럼 편하게 부를 수 있는 이름을 '호'라고 불렀는데, 퇴계 이황과 율곡 이이 처럼 호가 더 익숙한 인물도 더러 찾아 볼 수 있다. 매헌 윤봉길의 '매헌' 역시 호이다.

'내가 직접 교재를 만들어야겠어. 글을 몰라서 악덕 지주들에게 논이나 밭을 잃는 경우가 있는데, 내 경험을 바탕으로 교재를 만들면 나와 같은 문제가 생겼을 때 도움이 될 거야.'

사실 봉길의 집도 덕산면 부근에 사는 이재로라는 사람에게 논을 빼앗길 뻔한 적이 있었다. 이재로는 마을에서 알아주는 큰 부자로 악독한 꾀를 써서 봉길네 논 다섯 마지기**를 빼앗으려고 재판을 걸었다. 이에 봉길이 맞서 오 년 동안 재판을 한 결과 논을 지킬 수 있었지만, 봉길과 가족들은 오 년 동안 이루 말할 수 없는 고통을 겪어야만 했다. 만약 봉길이 글을 몰랐다면 아무것도 모른 채 이재로에게 땅을 빼앗겼을 것이다.

봉길은 낮에는 농사일을 하고 밤에는 교재를 만들어 1927년 《농민독본》세 권을 완성했다. 《농민독본》은 한글을 교육하기 위한 1권 〈조선글〉, 기초 학습 자료이면서도 일반 상식을 알려주는 2권 〈계몽〉, 3권 〈농민의 앞길〉로 구성되었다.

《농민독본》이 완성되자 봉길의 동생 남의는 면사무소의 등사기로 《농민독본》을 인쇄해 사람들에게 나누어 주었다.

---

* **관명**: 관례(옛날의 성인식)를 치르고 어른이 되고 나서 새로 지은 이름.
** **마지기**: 논밭의 넓이를 재는 단위. 한 마지기는 볍쌀이나 씨앗 한 말을 심을 만한 넓이를 말한다. 지금으로 치면 약 천 평 남짓한 크기이다.

부흥원을 세우다

봉길은 《농민독본》과 함께 한용운의 시나 신채호가 쓴 역사책을 가르쳤다. 일본의 식민 지배에서 벗어나려면 우리 역사에 대한 자부심이 있어야 한다고 생각했기 때문이다.

"학생들을 지도하다 보니 문제가 있어요."

동생 남의가 말했다.

"무슨 문제 말이냐?"

"글이나 산수를 빨리 깨우치는 사람이 있는가 하면, 늦게 깨우치는 사람도 있어요. 그래서 반을 나누어 수업하는 것이 어떨까 해요."

"그래, 네 말이 맞다. 내가 미처 그 생각을 하지 못했구나."

봉길은 남의의 말에 공감했다. 하지만 반을 나누어 수업을 하기에는 공간이 부족했다. 학교를 지으려 했지만, 마땅한 땅이 없었다. 봉길의 집도 농사를 지어야 식구들이 먹고살 수 있었기에 아버지께 학교를 지을 땅을 달라고 할 수도 없었다. 고민하던 봉길은 동네에서 넓은 땅에 농사를 지으면서 여유 있게 생활하는 윤주봉을 찾았다.

"어르신, 안녕하십니까?"

봉길은 윤주봉에게 큰절을 하며 인사를 했다.

"그래, 어서 오너라. 요즈음 마을에서 글을 가르치느라 수고가 많구나."

"수고라니요, 당연히 해야 할 일이라고 생각합니다. 사실 오늘 어르신을 찾아뵌 것도 야학 문제 때문입니다."

"내가 뭐 도울 일이라도 있나?"

윤주봉은 봉길의 고민을 알고 있는 듯했다.

"어르신, 많은 사람들이 배우려고 오지만 저마다 배우는 속도가 다릅니다. 그래서 가르친 것을 얼마만큼 이해했는가를 평가하여 나누어 가르치려고 합니다."

"그래, 그것참 좋은 생각이로군."

윤주봉의 맞장구에 봉길은 마저 말을 이었다.

"그런데 지금 야학을 하는 제 집 사랑방은 너무 비좁아 반을 나누기가 어렵습니다. 어르신께서 땅을 빌려주시면 새로 야학당을 지어 더 많은 사람에게 가르침을 주려고 합니다. 학생들을 실력에 따라 나누어 가르치면 훨씬 빠른 속도로 배울 것입니다."

봉길의 말에 윤주봉은 생각에 잠겼다. 아무리 경제적인 여유가 있다고 해도 땅을 공짜로 빌려주는 건 쉽지 않은 결정이었다. 생각에 잠겨 있던 윤주봉이 말했다.

"우의 군, 내가 땅을 빌려주겠네. 자네가 꿈꾸는 세상을 만들어 보게나."

"어르신의 말씀 명심하겠습니다. 감사합니다!"

학교 지을 땅을 얻은 봉길은 윤주봉의 집을 나오자마자 동네 청년들을 모았다.

"여러분, 윤주봉 어르신께서 학교 지을 땅을 내놓으셨습니다."

봉길의 말에 동네 청년들은 환호성을 질렀다.

"우아!"

"자, 자! 이제 학교를 지을 땅을 확보했으니, 각자 학교를 지을 때 할 수 있는 일들을 찾아봅시다."

"저는 목수 일을 할 수 있습니다."

"저는 미장일을 잘합니다."

동네 청년들은 각자 할 수 있는 일을 맡았다. 학생들도 틈틈이 학교를 짓는 데 손을 보탰다.

봉길은 학생들이 와서 공부하기 좋은 학교를 만들고 싶었다. 그래서 직접 설계도를 그리며 학교를 짓는 데 온 힘을 쏟았다.

'이곳은 교실로, 이곳은 선생님들이 공부할 수 있는 곳으로······.'

설계를 하다 보니 건물을 학교로 사용하는 동시에 마을의 중요한 일들을 의논할 수 있는 장소로 활용해도 되겠다는 생각이 들었다. 그러려면 교실을 생각했던 것보다 크게 만들어야 했다. 봉길은 윤주봉을 찾아 자신의 계획을 전했다.

"어르신의 도움으로 이제 막 공사를 하려고 합니다. 그런데 이 건물을 평소에는 학교로 사용하되 마을에 큰일이 있을 때 사람들이 모여 서로 의견을 나눌 수 있는 공간으로 사용했으면 합니다. 그러려면 어르신께서 마음 써 주신 땅보다 더 넓은 땅이 필요합니다."

봉길의 말에 윤주봉은 크게 웃었다.

"이러다가 윤 군이 내 땅을 모두 달라고 할 것 같구먼."

윤주봉의 농담에 봉길은 자신감이 생겼다.

"어르신의 배려가 아니었다면 감히 계획도 못할 일이었습니다. 이왕 마음을 쓰셨으니 조금만 더 베풀어 주셨으면 합니다."

"알았네. 내가 좀 더 지원하겠네. 젊은 사람이면 자네처럼 패기가 있어야지."

"감사합니다, 어르신!"

봉길은 윤주봉의 든든한 지원으로 학교 건물을 생각했던 것보다 크게 지을 수 있었다.

공사의 마무리 단계인 상량식* 날 봉길은 대들보에 상량문을 적었다.

龍 朝鮮開國 四千貳百六拾壹年 戊辰閏貳月 貳拾五日 午時
入住 上樑 子坐 龜
(용 조선개국 사천이백육십일년 무진윤이월 이십오일 오시 입주 상량 자좌 구)

봉길은 상량문에 일본 왕의 연호 대신 단기**를 사용하며 한민족의 자부심과 독립 의지를 나타냈다.

***상량식**: 새로 짓는 건물에 재난이 없도록 비는 제사를 지내는데, 이를 '상량식'이라고 한다.
****단기**: 단군이 즉위한 해인 서력 기원전 2333년을 원년으로 하는 기원.

1928년 봄, 학교 건물이 완공되었다. 학교 이름은 '부흥원'으로 지었는데, '농촌과 마을을 부흥시킨다'는 뜻이었다. 봉길과 청년들은 다섯 가지 목표를 세웠다.

 첫째, 증산 운동이다. 일제 강점기, 일본은 시기별로 세 가지 경제 수탈 정책을 폈다. 1910년대에는 토지세를 철저하게 거두고 토지를 약탈하기 위한 토지 조사 사업을 실시했다. 땅 주인은 토지의 주인, 가격, 모양과 크기 등을 일본이 정한 날까지 신고하고, 신고한 토지의 세금을 내야 했다. 그런데 문중 땅이나 마을 공동 소유지는 서로 신고를 미루다가 신고하지 못하는 경우가 많았다. 또 일본이 실시하는 제도에 반발하는 사람들도 제때 신고하지 않았다. 이렇게 신고하지 않은 토지는 총독부에서 몰수한 후 일본인이나 우리나라의 토지를 착취하기 위해 세운 동양 척식 주식회사에 팔았다.

 이렇게 원래 농민에게 있던 각종 권리는 일본이 실시한 토지 조사 사업으로 모두 사라졌다. 땅을 잃은 농민들은 매년 농토를 경작하기 위해 계약을 새로 맺어야 했고, 일본인 토지 소유주나 동양 척식 주식회사는 우리나라 농민들에게 불리한 계약을 맺어 애써 수확한 농산물을 대부분 빼앗아 갔다. 가혹한 수탈을 견디지 못한 농민들은 만주나 연해주로 이주하기도 했다.

 1920년대에는 산미 증식 계획을 실시했다. 한반도에서 약탈해 온 쌀을 식량이 부족한 일본에 보내고, 조선인들에게는 만주에서 가져온 보리, 콩, 밀로 생계를 이어 가게 했다.

1930년대 일제는 만주 사변*과 중일전쟁을 일으켰고, 곧 우리나라를 대륙 진출의 발판이자 전쟁 물자를 공급하기 위한 전진 기지**로 삼았다. 1940년대에는 부족한 전쟁 물자를 충당하고자 학생들에게 기름으로 사용하기 위한 소나무의 송진을 채취하게 하고, 집마다 다니며 총알의 재료가 되는 놋그릇과 각종 철제 도구를 닥치는 대로 약탈해 갔다.

봉길은 이러한 상황에서 전통적으로 해 오던 벼농사만으로는 살기가 어렵다고 생각했다. 이에 농사짓는 방법을 개선하는 동시에 인삼이나 담배 같은 특용 작물과 고구마나 감자 등의 구황 작물을 가꾸는 등 팔아서 돈을 벌 수 있는 농작물을 심도록 했다.

둘째, 마을 공동 구매 조합을 만든다. 당시에는 도매상이나 소매상들의 횡포가 심했다. 그래서 개인적으로 농산물을 팔거나 농사에 필요한 물품을 살 때 손해 보는 일이 많았다. 이에 봉길은 공동으로 농산물을 팔고 농사에 필요한 물품들을 사는 마을 공동 구매 조합을 만들기로 했다. 이렇게 하면 농산물을

***만주 사변**: 일본군이 만주(지금의 중국 둥베이 지방)를 침략한 전쟁.
**전진 기지: 군사 작전을 지원하기 위해 작전 지역 안이나 그 가까이에 설치한 근거지.

팔 때는 비싸게, 농사에 필요한 물품을 살 때는 싸게 살 수 있었다. 그러려면 농민들이 협동해야 했다.

셋째, 국산품을 애용한다. 제국주의 열강은 아시아와 아프리카에 있는 식민지를 상품 판매 시장으로 이용했다. 원료는 식민지에서 싼값에 공급받으면서, 본국에서 만든 상품은 식민지에 비싸게 팔았다. 봉길과 청년들은 일제의 경제 침략에 맞서 국산품을 사용해 한민족의 단결된 힘을 보여 주고 민족 자본을 형성하고자 했다.

이미 1923년 한반도에서는 조만식이 만든 '조선 물산 장려회'를 중심으로 '물산 장려 운동'이라는 국산품 애용 운동이 일어났다. 각종 시민 단체에서 국산품 애용, 근검절약, 생활 개선, 금주와 금연 운동을 추진했고 국민들의 호응도 뜨거웠다. 우리 기업이 만든 물건은 없어서 못 팔 정도였다. 신문 보도를 통해 물산 장려 운동을 지켜보던 봉길도 부흥원을 설립하면서 국산품 애용을 추진하게 된 것이다.

넷째, 부업을 장려한다. 당시 우리나라 국민 대부분은 쌀이나 채소를 키우는 농부였다. 하지만 농민들이 가진 농토 면적은 아주 작아서, 2월 말부터 보리가 수확되는 5월 초까지 먹을 것이 없어 고생을 했다. 이 시기를 '보릿고개'라고 불렀다. 이때는 풀뿌리나 나무껍질로 끼니를 때우거나, 남의 집에 구걸하여 음식을 얻어먹거나, 돈을 빌려서 하루하루를 버텨야 했다. 봉길은 농사만으로는 농민들의 생활이 안정될 수 없다고 생각했다. 그래서 닭, 돼지, 누에 등 가축을 키우고, 농한기인 겨울철에는 새끼*나 가마니** 등을 만들어 소득을 높일 수 있는 부업을 장려했다.

다섯째, 생활 환경을 개선한다. 당시 부유한 집에는 우물과 화장실이 있었다. 그 외에 사람들은 동네의 공동 우물을 이용했고, 화장실은 공중화장실을 쓰거나 남들이 안 보는 곳에서 일을 봤다. 그러다 보니 비위생적이어서 질병에 걸리기 쉬웠다. 그래서 봉길은 집집마다 화장실을 만들고, 위생에 신경 써서 생활 환경을 개선했다. 또한 배설물은 비료로 사용하여 농사를 짓는 데 활용했다.

이렇게 봉길이 마음먹은 일들이 하나하나 진행되었다. 봉길이 일을 추진할 때마다 청년들은 한마음으로 협조했다.

봉길은 부흥원의 목표가 말로 끝나서는 안 된다고 생각해 '월진회'라는 단체를 만들었다. 월진회는 농촌 경제를 일으키고, 농민들을 계몽***하기 위한 단체였다.

월진회는 사십여 명의 마을 청년들로 구성되었다. 이들은 매

---

*새끼: 짚으로 꼬아 만든 줄로, 노끈이 나오기 전까지 물건을 묶는 데 사용했다.
**가마니: 새끼나 짚을 엮어 만든 용기로 곡식 등을 담는 데 사용했다.
***계몽: 지식수준이 낮거나 관습에 젖은 사람을 가르쳐서 깨우침.

달 십 전씩 회비를 납부하며, 농민들에게 부업을 장려하고, 나무를 심고 보호했으며, 열매가 열리는 나무를 재배했다. 학예회나 토론회 등을 통해 지식을 쌓고 가르치기도 했다.

 겨울철 땔감을 마련하느라 민둥산으로 변한 산에 나무를 심고 보호하는 활동은 홍수를 방지했고, 나무에서 자라는 열매로 경제적 이익과 식량을 얻었다. 부업으로는 돼지나 닭을 키우게 했는데, 돼지가 자라 새끼를 낳거나 닭이 알을 낳으면 다른 농가에 새끼나 달걀을 지원하여 수익을 늘렸다.

 봉길은 농민들이 부업으로 부자가 되면 우리나라 경제도 살아나고, 경제 기반이 튼튼해지면 독립운동 자금도 지원할 수 있을 거라고 생각했다. 그 실천 방안이 바로 《농민독본》이었던 셈이다.

삼엄해지는 일본의 감시

'일본의 지배에서 벗어나기 위해서는 단결이 필요한데……. 사람들의 마음을 하나로 모을 수 없을까?'

고민으로 잠을 이루지 못하는 봉길에게 용순이 물었다.

"여보, 무슨 걱정이라도 있어요?"

"건강한 몸에서 건강한 정신이 나고, 건강한 정신에서 나라와 자신들을 위한 큰 꿈이 생기며, 사람들을 하나로 합칠 수가 있는데……."

봉길이 말을 잇지 못하자 용순이 말했다.

"그럼 정기적으로 체력을 단련하는 계*를 만드세요."

"체력 단련계? 그럼 운동할 수 있는 도구가 필요하잖소?"

"축구를 하면 되지요. 축구는 공과 장소만 있으면 되니까요."

*계: 경제적인 도움을 주고받거나 친목을 도모하기 위해 만든 협동 조직.

"맞아요. 고맙소. 당신 덕분에 고민이 해결되었어요. 어서 잡시다."

봉길은 언제나 힘이 되어 주는 용순이 고마웠다. 책을 쓰고 야학당이나 월진회 활동을 하느라 가정을 잘 돌보지 못했지만, 용순은 불평 한마디 하지 않았다. 봉길은 그런 용순이 늘 고마우면서 한편으로는 미안했다.

다음 날, 봉길은 간밤에 이야기한 체력 단련계를 생각하며 집을 나섰다. 아무리 생각해도 축구를 할 만큼 넓은 장소가 떠오르지 않았다. 그때 봄을 재촉하는 맑은 물소리가 들렸다. 봉길은 물 흐르는 소리를 듣기 위해 냇가로 발길을 돌렸다. 냇가에는 억센 갈대와 싸리나무, 가시덤불이 엉켜 있는 넓은 공터가 있었다.

"그래, 이곳을 운동장으로 만들면 되겠어."

봉길은 다시 동네로 돌아와 마을 청년들을 불렀다.

"건강한 몸에서 건강한 정신이, 건강한 정신에서 큰 뜻을 펼칠 수 있는 야망이 나옵니다. 나는 건강한 몸과 정신을 다질 수 있는 체육계를 만들 생각입니다. 우리 마을은 물론 인근 마을 사람까지 참가하게 하여 몸과 정신을 단련하고, 이웃 마을과 단결하려 합니다. 축구를 하면 이 모든 것을 이룰 수 있습니다. 축구를 할 장소도 봐 두었습니다. 냇가 근처에 공터가 있는데,

공터를 뒤덮은 갈대나 덤불을 정리하면 넓은 운동장으로 변할 것입니다."

마을 청년들은 기쁜 마음으로 봉길의 의견에 찬성했다. 봉길과 청년들은 삽과 낫, 곡괭이로 공터를 정리했다. 그러자 축구를 하고도 남을 넓은 운동장이 생겼다. 봉길은 체육계의 이름을 '수암체육회'로 정했다. 덕산을 끼고 있는 수암산의 기운을 받아 건강한 체력과 건전한 정신을 가지길 바라는 마음이 담긴 이름이었다. 수암체육회는 봉길을 회장으로 선출하고 체육회의 목적을 명확히 밝혔다.

첫째, 체육을 통해 협동심을 기른다. 우리 민족은 서로 도움을 주고받는 마음이 부족하여 나라가 위기에 빠진 적이 많았다. 체육을 통해 서로를 생각하며 도와주는 정신을 익히고 당파와 시기심을 경쟁심으로 발전시킨다.
둘째, 체육을 통해 자신감과 큰 뜻을 키운다.
셋째, 농사를 짓다 보면 균형적인 신체 발달이 어려우므로 체육을 통해 신체의 균형을 찾는다.
넷째, 체육을 통해 이웃과 서로 사이를 돈독히 한다.
다섯째, 현대 스포츠를 배우면서 시대 흐름에 맞춰 생활한다.

수암체육회의 활동과 함께 봉길과 청년들의 노력으로 야학당에 공부하러 오는 학생들이 점점 늘어났다.

봉길은 야학에서 공부한 결과물을 발표하여 더 많은 호응을 얻고 싶었다. 그래서 학예회를 기획했다.

1929년 2월 18일. 드디어 학예회의 막이 올랐다. 진행을 맡은 학생이 무대에 올라 똑 부러지게 학예회를 설명했다.

"많이 와 주셔서 감사합니다. '토끼와 여우' 공연이 있을 예정이니 많은 박수로 칭찬해 주시고, 부족하거나 아쉬운 점이 있으면 더 많은 격려를 부탁드립니다."

구경 온 사람들이 열화와 같은 박수를 보냈다. 이윽고 연극 공연이 시작되었다.

길을 가던 토끼와 거북이가 빵을 주웠다. 둘은 서로 많이 먹겠다고 싸웠다. 이때 여우가 나타나 중재를 하겠다며 빵을 가져갔다. 여우는 빵을 반으로 잘랐다.

여우: 어, 한쪽이 크잖아. 큰 쪽을 내가 한 입 먹으면 되겠네.

빵 한쪽을 베어 물자, 이번에는 한 입 먹은 쪽이 작아졌다.

여우: 어, 다른 쪽이 더 커졌네. 내가 한 입 더 먹어야겠네.

결국 여우는 빵을 모두 먹어 치웠다. 여우는 음흉한 미소를 지으며 떠나고 토끼와 거북이는 울음을 터뜨렸다.

연극을 보던 사람들은 빵을 빼앗아 먹는 여우가 일본이고, 빵을 빼앗긴 토끼와 거북이가 우리나라라는 사실에 분함을 이기지 못하면서도 학생들의 공연에 박수를 보냈다.

 성공적으로 학예회를 마친 다음 날, 덕산 주재소에서 봉길을 불렀다. 아마도 연극 때문인 듯했다. 봉길은 경찰들의 물음에 어떻게 대답할지 생각하며 걸음을 옮겼다. 덕산 주재소에 도착하자 경찰은 봉길을 노려보면서 물었다.

"어제 연극에서 대일본 제국을 여우에 비유했다지?"

"아닙니다. 그 연극은 《이솝 이야기》에 나오는 이야기로, 친구 간에 사이좋게 지내라는 내용입니다."

"그렇지 않다고 하던데……."

"글을 모르는 사람들이 공부에 흥미를 붙일 수 있게 《이솝 이야기》를 바탕으로 만든 연극일 뿐입니다."

할 말을 잃은 경찰은 봉길에게 날카롭게 경고했다.

"평소 너를 눈여겨보고 있으니 앞으로 조심해! 그렇지 않으면 큰일이 날 줄 알아라. 이제 집에 가도 좋다."

주재소 경찰은 차가운 목소리로 협박을 하고는 봉길을 돌려보냈다.

학예회 사건 이후 봉길에 대한 일본 경찰의 감시는 더욱 심해졌다. 하지만 봉길의 농촌 계몽 운동은 멈추지 않았다.

단단해지는 독립 의지

농촌 계몽 운동이 활발해지자 봉길은 잠잘 시간조차 부족했다. 그때 부흥원 청소를 하는 봉길에게 누군가 다가왔다.

"혹시 윤봉길 선생님을 만날 수 있을까요?"

"제가 윤봉길입니다만, 누구신지요?"

"저는 잡지 〈시조〉 기자 이흑룡이라고 합니다. 선생님의 이름이 널리 알려졌기에 취재를 하고 싶어 왔습니다."

"제가 뭘 했다고 취재까지……."

봉길은 취재 요청을 정중히 거절했다. 가뜩이나 일본 경찰의 감시가 심해진 상황이었다. 혹시라도 이 사람이 자기를 떠보려는 밀정이라면, 독립을 향한 꿈을 펴 보기 전에 어려움에 빠질 수 있었다.

밀정은 비밀 정보원의 줄임말이다. 일본은 한국인 밀정을 양

성하여 한국인 사회에 깊숙하게 침투시켰다. 밀정은 소나 돼지를 키우는 농민들에게 꼭 필요한 수의사나 농기계를 고치는 수리공으로 위장해서 정보를 모으기도 했다. 심지어는 독립운동가를 밀정으로 끌어들여 일본에 저항하는 세력들을 탄압하기도 했다.

이렇듯 밀정이 각계각층에 깊숙하게 침투해 있었기에 봉길은 조심하지 않을 수 없었다. 하지만 봉길의 거절에도 불구하고 흑룡은 끈질기게 취재를 요청했다. 하는 수 없이 봉길은 흑룡을 방으로 안내했다. 봉길은 그간 진행한 농촌 계몽 활동을 설명했다. 차분히 이야기를 듣던 흑룡이 자신의 신분을 밝혔다.

"사실 저는 만주에서 무력으로 항일 운동을 하는 독립군 공작원입니다. 일본의 감시를 피하기 위해 겉으로는 기자로 활동하고 있지요. 선생님께서 하시는 농촌 계몽 운동도 이제 일본 경찰의 감시가 심해져 한계에 부딪힐 것입니다. 한 번쯤은 무장 독립운동에 대해서도 생각해 보시기 바랍니다. 우리는 운동지와 같은 사람이 필요합니다."

봉길은 흑룡을 경계하면서도, 자신이 있을 곳은 어디일까를 고민하기 시작했다.

그 후에도 흑룡은 봉길을 찾아왔다. 흑룡과의 만남은 봉길에게 새로운 일을 하라는 하늘의 신호로 느껴졌다. 3·1 운동과 같은 비폭력 운동만으로 독립하기는 힘들고, 무기를 가지고 싸워야 독립을 이룰 수 있다는 생각이 짙어졌다.

봉길이 고민에 빠졌을 때, 광주에서 학생들의 만세 운동이 일어났다. 광주 항일 학생 운동은 전남 나주에서 광주로 가는 기차 안에서 조선인 학생과 일본인 학생 사이에 싸움이 붙으며 시작되었다.

일본인 중학생 후쿠다 등은 광주여자고등보통학교 3학년인 박기옥 등 여학생들의 댕기를 잡아당기면서 희롱했다. 이 모습을 본 박기옥의 사촌 남동생인 광주고등보통학교 2학년 박준채가 분노하여 싸움이 일어났다. 이 싸움을 처리하는 과정에서 일본 경찰은 일방적으로 한국인 학생들을 제압했다. 신문들 역시 일본인 학생들 편을 들어 보도했다.

이날 조선인 학생과 일본인 학생들 간의 싸움은 11월 3일 집단 싸움으로 이어졌다. 11월 3일은 일본의 4대 명절 중 하나인 명치절이었다. 광주에서도 '전남누에고치 600만 석 돌파 축하회'라는 행사가 열려 많은 농민들이 모였다. 또한 이날은 항일 학생 운동 단체인 성진회가 창립 3주년을 맞는 날이기도 해서 만세 시위가 계획되어 있었다.

명치절 기념식이 끝나자 광주고등보통학교 학생들은 '한일 간 학생들의 충돌 사건'에 대해 한국인 학생들을 일방적으로 비

난하는 기사를 쓴 〈광주일보〉를 습격하여 인쇄기에 모래를 뿌렸다. 또한 광주천에서 신사 참배를 하고 돌아오던 광주중학교 일본인 학생들을 기다리다가 집단 싸움을 벌였고, 일본인 학생들이 도망가자 광주역 앞까지 쫓아갔다. 이 소식을 들은 일본인 학생 수백 명이 무장하고 광주역 앞으로 몰려들었고, 광주고등보통학교 학생들은 광주농업학교 학생들과 합세하여 일본인 학생들과 싸웠다. 광주 학생 항일 운동은 전국으로 확대되면서 1930년 3월까지 계속되었다.

봉길은 신문을 통해 이 소식을 접했다. 이즈음 경성(일본이 침략하면서 붙인 서울의 전 이름)에서 고등학교에 다니던 사촌 동생 윤신득이 시량리에 왔다. 신득은 봉길에게 학생들이 벌이는 항일 만세 운동 소식을 들려주었다. 봉길은 야학에 참여하는 학생들에게 말했다.

"우리는 꿈틀거려야만 합니다. 꿈틀거리지 않으면 일본은 우리 민족이 죽었다고 생각할 것입니다. 일제의 탄압에 2천만 동포들이 통곡하고 있습니다. 이들을 구할 사람은 오직 여러분뿐입니다. 광주 학생들처럼 일본에 대항해 싸워야 합니다. 일본에 대항해 싸우다가 희생된 학생들을 본받아야 합니다."

잠시 숨을 고른 봉길이 말을 이었다.

"여러분, 광주 학생들은 우리 민족과 조국을 위해 목숨을 바쳤습니다. 우리 민족의 자유를 억누르는 식민 통치에 대항하여 광주 학생들처럼 일본에 맞서 싸워야 합니다. 싸울 때는 자신의 장점을 살려 싸워야 합니다. 사람을 잘 가르치면 교육을 통해 민족의 무지를 일깨우고, 정치를 잘한다면 나라를 구하는 정치를 해야 합니다. 그래야만 우리 민족의 독립 정신을 일깨워 일본 제국주의를 무찌르고 삼천리 금수강산을 되찾을 수 있습니다."

사람들의 가슴을 뒤흔든 봉길의 외침은 일본 경찰의 귀에까지 들어갔다. 일본 경찰은 부흥원을 폐쇄하라는 명령을 내리고 봉길을 감옥에 가두었다. 예산의 유지*들이 애쓴 덕분에 부흥원이 폐교되는 것은 막았지만, 봉길은 미운털이 박혀 삼 주 동안 감옥에 갇혀 있어야 했다.

감옥에서 풀려난 봉길은 생각이 많아졌다. 우리나라에서 독립운동을 하는 것은 불가능해 보였다. 일본의 감시를 피해 제대로 독립운동을 하려면 결국 중국으로 가야 한다는 생각이 들었다. 봉길은 야학의 학생들에게 마지막 수업을 했다.

"뜨거운 피로 적과 싸워야 합니다. 우리 민족을 탄압하는 흉포한 왜적들을 모두 죽여야만 독립이라는 승리의 깃발을 손에 들 수 있습니다. 그래야 만세를 크게 외칠 수 있을 것입니다."

*유지: 지역에서 영향력이 큰 사람.

집을 떠나다

1930년 3월 5일, 중국으로 간다는 생각에 봉길은 마음이 복잡했다. 마음 정리를 위해 동네를 한 바퀴 돌고 집으로 들어가는데, 어머니가 나들이옷을 입고 길을 나서고 있었다.

"어머니, 어디 가세요?"

"갈뫼 외가댁에 다녀오려고 한다. 한 사나흘 있을 것이니 집안을 잘 돌보려무나."

봉길은 어머니와 마지막이라는 생각이 들어 무언가를 선물하고 싶었다.

"어머니, 잠깐만 기다리세요."

말을 마친 봉길은 얼른 주막거리로 달렸다. 주막거리에는 사촌 형인 순의가 운영하는 가게가 있었다. 봉길은 가게에서 수건과 과자를 사서 어머니에게 달려왔다. 그리곤 어머니 목에 수건을 두르며 말했다.

"몸을 따뜻하게 하시고요, 심심하실 때 이 과자도 드세요."

"그래, 고맙구나. 다녀오마."

봉길은 멀어지는 어머니의 뒷모습을 바라보며 기도했다.

'어머니, 부디 건강히 지내시고 저를 응원해 주세요.'

그리고 다음 날 아침, 봉길은 사랑방으로 가 물건을 정리했다. 혹시라도 일본 경찰이 자신이 떠난 것을 알아채고 조사할 것에 대비하기 위해서였다. 그리고 화선지를 꺼내 붓으로 글자를 써내렸다.

장부출가생불환(丈夫出家生不還)

'사나이가 한번 집을 나서면 살아서 돌아오지 않는다'는 뜻이었다. 나라를 위해 목숨을 바칠 결심을 한 것이다.

아내 용순은 평소와 다름없이 아침밥을 준비했다. 봉길은 용순과 이제 두 돌이 지난 아들 종이 눈에 밟혔다. 아침을 뜨는 둥 마는 둥 하고 상을 물린 봉길은 검은 무명으로 지은 양복을 입고 모자를 쓴 뒤 집을 나설 준비를 했다. 종이 봉길을 보고 방긋 웃음을 지었다. 봉길이 종을 들어 올려 얼굴을 비볐다. 문을 열고 들어서던 여동생 임의가 봉길을 보고 깜짝 놀라며 말했다.

"오라버니께서 웬일이세요? 어디 먼 길을 떠나시는 것 같이……."

봉길은 임의의 말에 뜨끔했지만, 이내 평온한 빛으로 돌아와 말했다.

"오늘따라 종이 예뻐서 그러지."

봉길은 마루로 나와 어머니가 머무는 안방을 둘러보았다. 마지막이라 생각하니 집 안 곳곳의 모습을 눈에 담고 싶었다. 깔끔한 어머니의 성품에 걸맞게 이불과 요가 장롱 위에 가지런하게 놓여 있었고, 횃대*에는 깨끗하게 빨아 둔 옷가지가 걸려 있었다. 그러다 봉길은 용순의 얼굴이 다시 보고 싶어져 부엌으로 갔다. 용순과 눈을 마주치니 겸연쩍었다.

"냉수 한 그릇만 주시오."

냉수를 마신 봉길은 돌아섰다. 그때 사랑채에 계시던 아버지가 외출하는 봉길을 발견하고 말했다.

"어디 가느냐?"

갑작스러운 아버지의 물음에 봉길은 당황했다. 대답할 말을 찾지 못하고 있는데, 이내 아버지가 말을 이었다.

"아우에게 좋은 짝을 찾아 주려고 읍내에 나가는구나."

*횃대: 옷을 걸 수 있게 벽에 매달아 둔 긴 막대.

누이동생인 용분(원래 이름은 순례인데, 용분이라고 불렀다)의 신랑감에 대해 말씀하시는 듯했다.

"네."

봉길은 얼떨결에 대답했다.

"용분의 신랑감을 알아볼 때 부모님이 모두 살아 계신지부터 집안의 경제적 형편은 어떤지, 매부가 될 사람이 건강한지 살펴보거라. 잘난 사람보다는 잘된 사람이어야 한다."

"네, 잘 살펴보겠습니다."

봉길은 아버지의 얼굴을 제대로 쳐다보지 못하고 집을 나섰다. 집을 나선 봉길은 동네를 한 바퀴 돌면서 마을 청년들과 함께 땀으로 가꾼 곳들을 눈에 담았다. 고향을 살기 좋은 마을로 만들겠다는 마음으로 시작한 일이 어느 정도 기반이 잡힌 듯하여 떠나는 마음이 가벼웠다.

집을 나서며 봉길은 월진회의 회비 중 육십 원을 챙겼다. 앞으로 망명길에 어떤 일이 발생할지 몰라 돈이 필요했는데, 당장 그 돈을 구할 방법이 없었던 것이다.

봉길은 오전 열 시가 넘어 삽교역에 도착했다. 경성행 기차표를 사서 기차에 올랐다. 기차는 1922년에 조선경남철도주식회사가 개통한 경남선(지금의 장항선)을 지나는데, 온천이 있는 온양, 도고와 가까워 이용하는 사람이 많았다. 삽교역에서 경

插橋
SAPGYO

성역까지는 다섯 시간 거리였다.

　봉길은 비장한 마음으로 기차에 올랐다. 이전에 경성을 다니던 때와는 감회가 남달랐다. 겉으로는 평화로워 보이지만, 안으로는 국민들이 일제의 총칼에 억눌려 숨죽여 살아가고 있다고 생각하니 울분이 치밀었다.

　봉길은 오후 세 시에 경성역에 도착했다. 신의주로 떠나는 기차가 출발할 때까지 시간이 좀 남자, 봉길은 사촌 동생 윤신득을 찾아갔다. 신득은 야학에 사용할 책을 보내 주는 등 농촌 계몽 운동을 도운 적이 있었다. 아버지와 어머니, 그리고 아내에게도 떠난다는 말을 하지 못했기에 신득에게라도 자신이 중국으로 가야 하는 이유를 설명하고 고향의 뒷일을 부탁할 생각이었다. 하지만 신득은 외출 중이었다. 기다릴까도 생각했지만 흑룡과의 약속을 지키기 위해 아쉬운 발걸음을 돌렸다.

　경성역에 돌아온 봉길은 신의주행 열차를 탔다. 새벽부터 분주히 움직였기에 의자에 앉자마자 잠이 들었다. 잠든 봉길을 태운 신의주행 열차는 밤새 달렸다. 얼마나 잤을까, 봉길은 잠에서 깨어났다. 아직 신의주에는 도착하지 못한 것 같았다. 자세를 고쳐 앉은 봉길은 고향 친구이자 월진회 회원인 황종진에게 편지를 썼다. 종진이 편지를 받으면 월진회와 부흥원을 이끌던 친구들과 가족들에게도 자신의 소식이 전해질 것으로 생각한 것이다. 봉길은 편지에 자신이 집을 떠나는 이유, 앞으로 자신이 나라를 위해 해야 할 일, 그리고 가족과 친구들의 안부 등을 드러나지 않게 담았다.

> 어제 하루는 저에게 있어 정말 오랜 시간이 흐른 것 같았습니다. 아마도 이 편지를 받으면 형님은 크게 놀라시겠지요. 저는 가정과 사업과 동지를 다 버리고 거대한 우리의 사업을 하기 위해 고향을 떠났습니다. 잃어버린 독립과 경제를 찾는, 지금 청년이 해야 할 일은 이것이라 생각합니다. 그러므로 저는 넓고 넓은 이 만주 벌판에서 자유스럽게 뛰어놀려 합니다.

막 편지를 마무리하려는데 누군가 봉길의 옆구리를 찔렀다. 차장과 함께 인상이 험한 남자 세 명이 봉길을 지켜보고 있었다. 아마도 일본 경찰인 듯했다.
"이봐, 어디까지 가는가?"
"신의주까지 갑니다."
"신의주에는 뭐하러 가나?"
봉길에게 신의주는 중국으로 가기 위해 잠시 들르는 장소이기에 갑작스러운 질문이 당황스러웠다.
"친척 집에 갑니다."

"이름은 어떻게 되는가?"

"윤천의라 합니다."

"어디에 사는가?"

"신의주부에 삽니다."

"그럼, 신의주부의 무슨 정*에 사나?"

신의주에 대해 아는 것이 없는 봉길은 말문이 막혔다. 그러자 인상이 험한 사내가 봉길에게 달려들어 몸수색을 했다. 사내는 봉길이 쓰던 편지를 발견했다. '넓고 넓은 만주 벌판에서 우리의 사업을 하겠다'는 내용을 본 사내는 살짝 미소 짓고는 봉길의 얼굴을 때렸다. 봉길이 사내를 노려보며 말했다.

"왜 때립니까? 조사도 하지 않았는데 먼저 때리는 경우가 어디 있습니까?"

"뭔 말이 많아. 이 편지가 수상하니 체포한다."

사내는 팔꿈치로 봉길을 제압하면서 강제로 선천역에서 내리게 한 후 경찰서로 끌고 갔다.

---

*정(町): 일본의 행정 단위로 오늘날의 '동'에 해당한다.

— 더 알아보기

농민독본과 유언

《농민독본》 총 세 권 중 마지막 3권 〈농민의 앞길〉에서는 농촌 계몽 운동가 윤봉길의 생각이 잘 드러나 있어요.

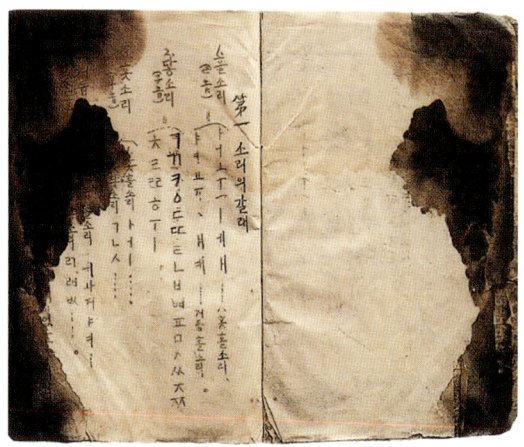

▲ 윤봉길이 쓴 《농민독본》 제1권 〈조선글〉의 표지(왼쪽)와 본문(오른쪽)이에요.

3권 제1과 '농민과 노동자'

나는 농부요, 너는 노동자다. 우리는 똑같은 일하는 사람이다.
높지도 낮지도 아니하다. 나는 밭을 갈고 너는 쇠를 다룬다.
우리들 세상이 잘되도록 쉬지 말고 일을 하자.
앞으로 앞으로 더욱더욱 앞으로

개혁적인 사상가의 모습이 엿보이는 시예요. 자주독립을 위해 농민과 노동자가 기본이 되어야 한다는 윤봉길의 생각이 담겨 있답니다.

3권 제3과 '자유'

인생은 자유의 세상을 찾는다. 사람에게는 천부의 자유가 있다.
머리에 돌이 눌리우고 쇠사슬이 걸린 사람은 자유를 잃은 사람이다.
자유의 세상은 우리가 찾는다. 자유의 생각은 귀하다.
나에 대한 생각, 민중에 대한 생각
개인의 자유는 민중의 자유에서 나아진다.

자유사상을 기반으로 항일 독립운동을 통해 일본으로부터 독립해야 한다는 생각이 드러난 글이에요. 《농민독본》 덕에 윤봉길 의사의 생각과 의지를 잘 알 수 있답니다.

장부출가생불환

'사나이가 한번 집을 나서면 살아서 돌아오지 않는다.'

상하이로 떠나기 전 윤봉길 의사가 남긴 글이에요. 조국의 독립을 위해 목숨을 바치겠다는 비장한 각오가 담겨 있어요. 유언을 남길 당시 윤봉길 의사는 스물한 살이었답니다.

3부 독립운동가의 길로

"너희도 만일 피가 있고 뼈가 있다면
반드시 조선을 위하여 용감한 투사가 되어라
태극에 깃발을 높이 드날리고
나의 빈 무덤 앞에 찾아와 한 잔 술을 부어 놓으라
그리고 너희들은 아비 없음을 슬퍼하지 말아라"

-본문 146쪽에서

머나먼 망명의 길

평안북도 선천 지역에는 원래 일본에 저항하는 사람들이 많았다. 특히 장로교단에서 세운 학교인 '신성학교'는 평양의 '숭실학교'처럼 항일 운동을 앞장서서 이끌었고, 3·1 운동이 일어났을 때는 선천에 사는 대다수 주민이 참여했다. 그러다 혹독한 탄압을 당한 후, 만주나 연해주로 이주하여 항일 운동을 이어 나갔던 지역이다.

그래서 선천에는 일본 형사나 일본의 앞잡이인 밀정이 다른 지역보다 많았다. 밀정들은 조금이라도 거동이 수상한 사람이 있으면 신경을 곤두세우고 지켜보았는데, 그만 봉길이 그들의 감시망에 걸린 것이었다.

선천 경찰서에서 봉길은 신문*을 받았다. 그들은 특히 '만주

*신문: 알고 있는 사실을 캐어 묻는 걸 가리킨다.

벌판에서 우리의 사업을 하겠다'는 부분을 물고 늘어졌다.

"이 내용은 곧 독립운동을 하겠다는 것이 아니냐?"

"그저 신의주에 볼일이 있어 갈 뿐입니다."

"누가 시켰느냐?"

"시킨 사람 없습니다. 나는 누가 시킨다고 하는 졸장부가 아닙니다."

"누구와 언제 어디서 만나기로 했느냐?"

"누구와 만나기로 한 적도 없습니다."

봉길은 흑룡과 만나 만주에 갈 시간에 선천 경찰서에 붙잡혀 있는 상황이 못내 분했다. 하지만 일본 경찰은 봉길을 쉽게 놓아주지 않았다. 매일 불러 따귀를 때리고 심한 욕설을 퍼부으며 똑같은 내용을 캐물었다. 때로는 친한 척하며 회유책을 쓰기도 했다.

"나는 양심에 거리낄 행동을 한 적이 없소. 또한 누가 시킨다고 시키는 대로 할 무식한 놈도 아니오. 설사 누가 시켰다고 한들 내가 당신들에게 말하겠소? 그러니 시간 낭비하지 말고 어서 나를 재판에 넘기든가 감옥에 보내든가 하시오."

당찬 봉길의 모습에 일본 경찰은 정보를 얻을 수 없다는 사실을 깨달았다. 봉길은 보름 만에 겨우 풀려났다. 비록 중국으로 가는 시간은 늦어졌지만, 선천 경찰서에서의 경험은 어떠한 고난도 이겨낼 수 있도록 봉길의 정신을 굳게 단련시켰다.

경찰서에서 나온 봉길은 아는 사람 하나 없는 곳에서 어떻게 해야 하나 고민하면서 여관에 방을 잡았다. 그러고나서 사촌 동생 신득에게 편지를 썼다.

아우에게
나는 3월 6일에 덕산을 떠나 중국으로 가는 길이다.
도중에 선천에서 일본 경찰의 의심을 받는 바람에 경찰서에서 보름가량 어려움을 당했구나.
덕산에 있는 야학당과 월진회가 잘 운영되고 있는지 걱정이구나.
혹시라도 아우가 중동고등보통학교를 졸업하고 귀향한다면 나를 대신해 운영해 주었으면 한다.
그리고 집을 나오며 옷을 한 벌만 가지고 나와 어려움이 있으니, 헌 옷이라도 있으면 보내 주기 바란다.

봉길은 신득에게 편지를 보낸 후 답장이 오길 기다리며 여관에 머물렀다.

어느 날, 밤늦은 시각에 옆방에서 사람들이 웅성거리는 소리가 들렸다. 귀를 기울이니 옆방 사람들이 우리나라의 독립을 이야기하고 있었다. 독립을 하는 데 시간을 너무 지체한다는 의견과 독립을 단번에 이룰 수는 없다는 의견이 충돌했다. 선우옥이라는 사람이 한 청년에게 독립단에 소개장을 써 준다는 말도 들렸다. 봉길은 이들의 대화에 귀 기울였다.

'일본 경찰이 심어 둔 미끼가 아닐까? 풀려난 지 얼마 되지도 않았는데 또다시 들어가면 이번에는 얼마나 있어야 할지 모른다. 하지만 이들에게 소개를 받으면 좀 더 빨리 내 꿈을 이룰 수 있을지 모르는데……. 아, 어찌해야 한단 말인가!'

봉길은 고민으로 밤을 하얗게 지새웠다.

다음 날 봉길은 옆방 사람들에게 말을 붙였다. 그들은 잔뜩 경계하는 눈빛으로 봉길을 대했다.

"중국 상하이에서 가정부로 일하려고 신의주행 기차를 타고 가다가 일본 경찰의 검문에 걸려 보름 동안 경찰서 유치장에 있었습니다."

상하이에서 가정부로 일한다는 것은 상하이에 있는 '대한민국 임시 정부'에서 일한다는 것을 의미했다. 일본이 대한민국 임시 정부를 낮게 평가하면서 무시하기 위하여 '가정부' 곧 '가짜 정부'로 표시했기 때문이다.

'가정부'라는 말에 옆방 사람이 관심을 보였지만, 마침 아침상이 준비되어서 대화를 이어 가지 못했다.

저녁 무렵, 누군가 봉길의 방문을 두드렸다. 긴장한 봉길은 문틈으로 바깥을 조심히 엿보았다. 아침에 만난 옆방 사람이었다. 봉길은 문을 열고 옆방 사람을 맞았다.

"저는 김태식이라고 합니다."

"아, 예. 저는 윤봉길이라고 합니다."

짧은 인사를 마치고 두 사람은 서로 이야기를 털어놓았다. 봉길은 태식에게 독립운동을 하기 위해 중국으로 가는 길이라고 말했다. 태식 역시 나라를 구하려 독립운동에 나섰다고 말했다. 태식은 일본에 유학을 다녀온 지식인이었다. 잘 먹고 잘 살 수 있는 길을 포기하고 독립운동에 뛰어든 것이었다. 태식은 봉길에게 함께 묵는 선우옥을 소개했다. 세 사람은 나라의 장래에 대한 의견을 나누었다.

"그런데 윤 선생님은 가족이 어떻게 되시나요?"

"저는 부모님이 계시고 장남입니다."

"장남이라고요? 그럼 집안의 큰일들을 책임지셔야 할 텐데요. 아무래도 독립운동에 나서는 것은 무리라고 생각합니다. 다시 한번 생각해 보는 게 어떻겠습니까?"

이때까지만 해도 사람들은 나라만큼 집안을 중요하게 생각했다. 두 사람이 하도 강력하게 설득하자 봉길은 잠시 중국으로 가는 것을 다시 생각해 보기로 했다. 그러던 중 옥의 주선으로 신의주에 있는 산업 조합에 일자리를 구했다. 신의주에 있으니 언제든 마음만 먹으면 중국으로 갈 수 있고, 세상이 돌아가는 소식도 접할 수 있으리라 여긴 것이다.
 한편 봉길의 편지를 받은 신득은 수소문을 하여 흑룡에게 봉길의 소식을 전했다. 봉길이 선천 경찰서에 붙잡혀 간 그날 흑룡은 신의주역에서 봉길을 기다렸다. 하지만 약속한 시간이 되

어도 봉길이 보이지 않자 '마음이 변한 것일까?', '사고라도 난 것은 아닐까?' 하면서 속을 태웠다.

신득의 연락을 받은 흑룡은 기쁜 마음으로 봉길을 찾아갔다. 흑룡은 봉길에게 지지부진한 독립운동 소식을 전했다. 봉길은 하루빨리 중국으로 건너가 독립운동의 발판을 마련하고 싶었다. 봉길은 일자리를 마련해 준 옥에게 솔직하게 이야기하고, 흑룡, 태식과 함께 압록강을 건넜다. 드디어 본격적으로 독립운동에 뛰어든 것이다.

압록강을 건너자 끝없는 평원이 펼쳐졌다.

'1,500년 전 광개토 대왕이 이 벌판을 누비며 큰 뜻을 펼치셨지. 고구려의 영토가 그대로 지금까지 이어졌으면 얼마나 좋았을까.'

봉길은 식민지가 되어 버린 벌판을 바라보며, 만주 벌판을 호령하던 광개토 대왕의 뜻을 이어받아 반드시 대한민국의 독립을 이루겠다고 다짐했다.

태식의 안내로 봉길과 흑룡은 독립군이 활동하는 곳으로 발걸음을 옮겼다. 독립군이 머무르는 곳이라는데 낯선 사람인 봉길 일행을 가로막는 사람이 아무도 없었다. 봉길이 흑룡에게 걱정스레 말했다.

"언제 일본군이 공격할지 모르는데 이렇게 경계를 하지 않아도 될까요?"

"그러게요. 저도 걱정입니다."

봉길은 독립군의 첫인상에 실망하고 말았다. 언제 일본군이 쳐들어올지도 모르는데, 보초도 없고 긴장감도 없었다. 이윽고 봉길과 흑룡은 이렇게 된 사정을 들을 수 있다.

독립군들은 저마다 자기들이 최고라고 생각했다. 서로 힘을 합쳐서 일본군과 싸워도 모자랄 판에 내가 아니면 안 된다는 생각으로 고집을 세우다 보니 힘을 합치지 못한다는 것이었다. 실망한 봉길은 목적지를 상하이로 바꾸었지만, 흑룡은 독립군에 대한 미련이 남아 있었다. 결국 봉길과 흑룡은 각자의 길을 가기로 결정했다.

흑룡과 헤어진 후 상하이로 향하던 봉길은 칭다오에 들렀다. 칭다오에는 만주에서 독립군을 찾아다닐 때 만났던 황익성이 머물고 있었다. 봉길의 인품에 반한 익성은 봉길을 형으로 여기며 따랐다. 익성의 소개로 봉길은 나카하라 겐지로가 운영하는 세탁소에서 일했다. 집을 나올 때 가져온 돈이 다 떨어졌기 때문이다. 봉길은 세탁소에서 일하며 일본어도 배우고, 월진회에서 빌려온 돈도 갚고, 상하이로 갈 여비도 마련할 계획이었다.

봉길은 세탁소 일을 하면서 부근에 사는 동포들을 위한 야학을 열었다.

"우리는 배워야 합니다. 모르는 것이 가장 무서운 적입니다. 배워서 우리나라가 독립할 수 있는 길을 찾아야 합니다."

봉길은 예산에서 직접 쓴《농민독본》을 되새기면서 역사와 한글, 그리고 산수를 가르쳤다. 봉길의 열성적인 가르침에 동포들도 열심히 공부했다. 모두 낮에는 일하고 밤에 공부해야 했기에 몸은 피곤했지만, 실력이 조금씩 늘어 가는 것에 기쁨을 느꼈다.

"여러분, 지금 상하이에는 독립운동의 중심 역할을 하는 대한민국 임시 정부가 있습니다. 이곳에서 우리 애국지사들이 독립운동을 하느라 고생하고 있습니다. 이분들의 은혜에 조금이라도 보답하고자 우리가 번 돈의 일부를 모아 보내려 합니다."

봉길의 말에 동포들은 주머니를 털어 독립운동 자금을 모았다. 비록 적은 금액이었지만, 봉길은 동포들의 마음이 담긴 독립운동 자금을 상하이 대한민국 임시 정부에 보냈다.

이 무렵 봉길은 어머니의 편지를 받았다. 집을 떠난 지 팔 개월 만이었다. 편지에는 아들을 보고 싶어 하는 어머니의 마음과 아들을 그리워하는 아버지, 남편 없이 자식을 키우는 며느리의 마음이 절절했지만, 마지막 부분에 집 걱정은 하지 말고 나라를 위해 열심히 살라고 당부하고 있었다. 어머니의 따뜻한 마음이 그대로 전해지는 것 같았다.

　봉길은 불효에 대한 용서를 빌고, 나라를 굳세게 사랑하겠다는 내용의 답장을 보냈다.

　사람은 왜 사느냐? 이상을 이루기 위해 산다. 이상은 무엇이냐? 목적의 성공자이다. 보라, 풀은 꽃을 피우고 나무는 열매를 맺는다. 만물의 영장인 사람, 나도 이상의 꽃이 되고 목적의 열매 맺기를 다짐하였다. 우리 청년 시대는 부모의 사랑보다, 형제의 사랑보다, 처자의 사랑보다도 더 강의한* 사랑이 있다. 나의 우로** 와 나의 강산과 나의 부모를 버리고라도 이 길을 떠나간다는 결심이었다.

*강의하다: 의지가 굳세고 강직하여 굽힘이 없다.
**우로: 비이슬. 비와 이슬을 아울러 이르는 말.

김구를 만나다

1931년 6월 23일, 봉길은 상하이에 도착했다. 상하이에는 1919년 3·1 운동 이후 세워진 대한민국 임시 정부가 있었다. 상하이는 원래 중국 땅이지만, 제2차 아편 전쟁 이후 서양 강대국들이 구역을 나누어 식민지로 삼은 조계 지역이 있었다. 임시 정부는 그중에서 일본과 거리가 있던 프랑스 조계에 자리 잡았다. 임시 정부는 이곳을 거점으로 우리나라가 독립을 하는 데 도움을 받을 수 있도록 많은 나라와 외교를 벌이고, 국제 정세와 관련된 정보를 얻었다.

처음 상하이에 도착한 봉길은 막막했다. 아는 사람도 없는데 이제 어떻게 해야 할까. 하지만 이내 마음을 다잡고 할 일을 찾았다. 칭다오에서 세탁소 일을 하며 돈을 벌었지만, 그것으로는 부족했다. 다른 나라에서 생활하려면 돈을 많이 모아 놓아야 했다. 봉길은 막노동부터 행상까지 닥치는 대로 일했다.

한편으로는 상하이 교민회를 드나들며 동포를 만나 친분을 쌓았다. 당시 상하이에는 한국인이 천여 명 정도 살고 있었다. 상하이 교민회를 이끄는 사람은 다름 아닌 대한민국 임시 정부의 수장 김구였다. 봉길은 김구를 만나기 위해 교민회를 찾았다.

"김구 선생님을 만나러 왔습니다."

"선생님은 지금 안 계신데 무슨 일인가요?"

몇 번 스쳐 지나가긴 했지만, 교민회의 몇몇 사람들은 봉길을 상당히 경계했다. 일본 첩자일지 모르기 때문이었다. 하지만 봉길도 물러설 수 없었다. 오늘은 무슨 일이 있어도 꼭 김구를 만나야겠다고 결심하고 나선 참이었다. 봉길은 긴 의자에 털썩 주저앉았다.

"이러셔도 선생님은 나오지 않으시니 헛수고하지 마십시오."

"저는 신경 쓰지 마시고 일들 보세요."

이때 문이 열리며 중년의 남자가 들어섰다.

"안 선생님, 어서 오십시오."

교민회 사람들이 일제히 일어나 공손히 인사를 했다. 봉길은 남자를 유심히 쳐다보았다. 어딘가 낯이 익었다. 봉길은 속으로 무릎을 쳤다. 사진으로 본 안중근 의사와 닮았기 때문이었다. 봉길은 얼른 일어나 인사를 했다.

"처음 뵙겠습니다. 혹시……, 안중근 의사님의 아우분이 아니신지요?"

"그렇소만, 나를 어떻게 아시오?"

"존경하는 마음으로 늘 안중근 의사님의 사진을 익히고 있었습니다. 많이 닮으셨기에…….."

봉길의 예상대로 그 남자는 안중근 의사의 둘째 동생인 안공근이었다. 공근은 김구와 함께 한인 애국단을 이끌며 단원의 모집과 관리, 연락 등의 일을 총괄했고, 일본의 중요 인사나 친일파를 암살하는 데 주도적인 역할을 했다.

또한 중국의 지도자인 장제스와 교류하면서 후원금을 얻는 등 임시 정부와 독립을 위해 많은 활동을 하고 있었다.

"저는 예산에서 온 윤봉길이라고 합니다. 칭다오에 머물다가 독립운동에 참여하여 조그만 힘이라도 보탤까 하고 이곳으로 왔습니다."

봉길의 당찬 모습에 공근이 관심을 보였다.

"윤봉길이라. 칭다오에서 우리 동포들에게 밤에 공부를 시키고, 단합 활동을 하면서 임시 정부에 독립 자금을 보내 주던 그 사람이오?"

공근은 봉길이 칭다오에서 세탁소 일을 하며 야학을 열어 동포들을 가르치고, 성금을 모아 대한민국 임시 정부에 보낸 일을 알고 있었다.

"금액이 적어 부끄럽습니다."

"금액이 문제가 되겠습니까? 독립을 위해 한민족이 마음을 합치는 것이 중요하지요."

"우리나라의 독립을 위해서라면 어떠한 일이라도 할 수 있습니다."

공근은 확고한 신념을 가진 봉길이 믿음직스러웠다.

"윤 군과 같은 젊은 사람들이 많아야 독립운동이 계속 이어질 텐데요."

"선생님께서 기대하시는 만큼 열심히 하겠습니다."

두 사람은 금세 오랜 기간 알고 지낸 사이처럼 가까워졌다. 그만큼 봉길의 결연한 말과 눈빛은 독립지사들에게 믿음을 주었다. 공근의 배려로 봉길은 공근이 살고 있는 집 삼 층에서 지내게 되었다. 그리고 박진이라는 동포와 중국인이 운영하는 종품공사에 취직을 했다.

종품공사는 말총을 재료로 모자를 만드는 곳이었다. 보통 직원들은 하루에 모자를 세 개 정도 만들었는데, 봉길은 눈썰미가 뛰어나고 성실하여 하루에 다섯 개를 만들었다. 봉길의 성실한 모습에 봉길을 따르는 직원들이 늘어났다.

원래 종품공사에서는 하루가 멀다고 직원들끼리 싸움이 일어났는데, 봉길이 온 후로는 싸움이 줄어들었다. 봉길이 이들에게 글을 가르치고, 서로 도우며 살아야 함을 알려 줬기 때문이다. 하지만 중국인 사장은 직원들이 뭉치는 것을 달가워하지 않았다. 직원들이 봉길의 가르침에 따르면서 단체로 권리를 주장하자, 중국인 사장은 봉길을 해고했다.

이즈음 일본의 잔꾀로 한국인과 중국인 사이에 싸움이 벌어졌다. 이른바 '완바오산 사건'이다. 중국 만주의 지린성 완바오산 지역에는 일본의 토지 조사 사업으로 생활 터전을 잃고 이주해 온 한국 사람들이 많았다. 처음에는 한국 사람들과 중국 사람들이 서로 도우며 잘 살았다. 그런데 이 사이에 일본이 끼어들었다. 일본은 중국인 하오융더를 한국인이 농사짓는 땅의 지배인으로 삼았다.

1931년 4월 하오융더는 완바오산 지방에 있는 토지 중 개척되지 않은 땅을 십 년 동안 한국인에게 빌려주기로 했다. 그러자 한국인들은 농사를 짓는 데 필요한 물을 쑹화강에서 끌어들이려 했다. 당시 한국인들은 대부분 벼농사를 지었고, 중국인들은 주로 밭농사, 그중에서도 콩 농사를 지었다. 콩 농사에는 많은 물이 필요하지 않고, 오히려 물이 많으면 뿌리가 썩기 때문에 중국인들은 물을 끌어들이는 데 반대했다. 한국인과 중국인은 실랑이를 벌였고, 그러다 급기야 싸움이 일어나고 말았다. 하지만 다행스럽게 중국 관리들과 한국인 대표가 빠르게 해결하여 큰 싸움으로 번지지는 않았다.

그러나 만주를 탐내던 일본은 한국인과 중국인의 충돌을 부풀려서 한국인들이 크게 피해를 보았다는 소문을 퍼트렸다. 이 소식은 금세 한국 본토에 전해졌고, 한국에 살고 있는 중국인들이 구타당하거나 죽는 일이 벌어졌다. 이 소식은 또다시 중국 본토에 전해져 중국에 사는 한국인들이 공격받는 일들이 발생했고, 한국과 중국 사이에 점차 틈이 벌어지게 되었다.

공근은 걱정스럽게 말했다.

"일본인들 꾀에 넘어가 우리나라 사람들과 중국인들이 벌여서는 안 되는 싸움을 했으니……."

"이대로 보고만 있을 수는 없지 않습니까?"

"교민회장님도 걱정이 많습니다."

봉길은 교민회장이라는 말에 귀를 쫑긋 세웠다.

"교민회장님처럼 좋은 지도자가 계시니, 행동에 옮길 만한 열정 가득한 사람이 있다면……."

혼잣말하듯 내뱉은 공근의 말을 봉길은 귀에 담았다.

어느덧 봉길이 상하이에 온 지도 다섯 달이 지났다. 하지만 아직 좋은 소식이 없어 답답하던 차에 봉길에게 전해진 대한민국 임시 정부 소식은 안타까웠다. 일본과 무기를 들고 싸워 하루빨리 독립을 이뤄야 한다는 사람들과 외교적 노력과 경제적 자립을 통해 점진적으로 독립을 찾아야 한다는 사람들 사이에 다툼이 일어난 것이다.

결국 뜻이 맞지 않는다는 이유로 독립지사들은 뿔뿔이 흩어졌고, 김구를 비롯한 몇몇 독립지사들만 임시 정부 청사를 지키게 되었다.

1931년 9월, 일본은 중국 땅인 만주를 지배하려고 만주 사변을 일으켰다. 만주 사변은 일본의 자작극에 의한 전쟁이었다. 만주에 진출하려고 호시탐탐 기회를 엿보던 일본은 1931년 9월 18일 만주 펑톈(지금 중국 선양의 옛 이름) 북쪽에서 남만주 철도의 선로가 폭파된 일을 중국 군대의 소행이라고 주장했다. 곧바로 일본은 군대를 출동시켜 중국 동북군 주둔지를 공격했고 전쟁이 일어났다.

이 전쟁으로 중국인들은 일본에 증오심이 생겼고, 만주에서 독립운동을 하던 무장 독립군들은 상하이로 모여들었다. 국제 정세를 살피던 김구는 우리나라가 독립을 하려면 일본의 중요한 사람들을 죽이거나 중요한 시설을 파괴하는 수밖에 없다고 생각하고 '한인 애국단'을 만들었다.

김구는 중국과 미국에 살고 있는 동포들에게 한인 애국단의 활동을 위한 자금을 지원해 달라고 호소했다. 중국에서는 모금이 어려웠지만, 다행히 미국에서의 모금은 순조로웠다. 이제 행동하는 사람이 필요했다.

이때 나타난 사람이 이봉창이다.

봉창은 1901년 용산에서 태어났다. 집안이 어려워 열세 살에 가게 점원으로 일하며 가장 역할을 했다. 봉창은 주로 일본인이 운영하는 과자점이나 약국에서 일하면서 자연스럽게 일본어를 익혔다. 하도 일본어를 잘해서 한국인인지 일본인인지 분간하기 어려울 지경이었다고 한다. 봉창은 자신을 '신일본인'이라고 불렀다. 친일파를 넘어서서 진짜 일본인처럼 살고 싶었기 때문이다.

하루는 일본 히로히토 왕이 즉위하는 날이었다. 자기가 신일본인이라고 생각했던 봉창은 왕의 즉위식을 꼭 봐야 한다고 생각했다. 하지만 즉위식커녕 한글 편지를 지녔다는 이유로 유치장에 갇히게 되었다. 편지에는 별 내용이 없어 풀려났지만, 이후 봉창은 '한국인으로서 어떻게 살아야 할까?'를 고민하게 되었다.

고민 끝에 대한민국의 독립을 위해 일해 보자고 결심한 봉창은 1931년 1월, 대한민국 임시 정부가 있는 상하이로 건너갔다. 누군가 써 준 소개서도, 아는 사람도 없었다. 오랜 일본 생활에 우리말이 서툴러서 일본 첩자로 의심받기도 했다.

하지만 임시 정부의 관리에게 "나에게 폭탄 한 개만 주면 일본 왕을 죽이겠소."라고 말하는 것을 김구가 듣고 봉창을 한인 애국단에 가입시켰다. 봉창은 김구에게 각오를 말했다.

"제 나이가 이제 서른입니다. 앞으로 서른 살을 더 산다고 해도 지금까지보다 더 나은 재미는 없을 것입니다. 인생의 목적이 쾌락이라면 지난 삼십 년 동안 인생의 쾌락을 대강 맛보았습니다. 영원한 쾌락을 위해 독립 사업에 몸을 바칠 생각으로 상하이에 왔습니다."

김구는 중국군에서 일하는 김홍일에게 폭탄을 준비시켰다. 봉창은 공근의 집 안 태극기가 걸린 벽 앞에서 양손에 수류탄을 들고 나라와 민족 앞에 엄숙히 선서했다.

선서문

나는 적성*으로써 조국의 독립과 자유를 회복하기 위하여 한인 애국단의 일원이 되어 적국의 수괴를 도륙하기로 맹세하나이다.

대한민국 13년(1931) 12월 13일
선서인 이봉창
한인 애국단 앞

***적성**: 마음에서 우러나오는 정성.

이로써 봉창은 '한인 애국단' 1호 단원이 되었다. 선서식이 끝나고 봉창은 김구에게 머리를 숙여 마지막 인사를 했다. 기노시타라는 일본식 가짜 이름으로 일본에 건너간 봉창은 '물품은 1월 8일 방매함*'이라는 암호를 김구에게 보냈다. 그리고 1932년 1월 8일, 일본 도쿄 사쿠라다몬**에서 일본 왕 히로히토가 탄 마차를 향해 수류탄을 던졌다.

하지만 거리가 멀었고, 폭탄의 위력이 약했다. 폭탄은 히로히토가 탄 마차 뒷부분에 떨어져서 터졌고, 관리 몇 명과 호위병들만 쓰러뜨렸을 뿐 히로히토를 죽이지는 못했다. 폭탄이 터지고 나서 일본 경찰은 엉뚱한 사람을 범인으로 잡았으나, 봉창은 자신이 폭탄을 던졌다고 당당히 밝히며 "대한 독립 만세!"를 세 번 외친 뒤 붙잡혔다. 봉창은 지독한 고문을 당하면서도 김구가 시킨 일이라는 것을 끝까지 밝히지 않고 다음과 같은 말만 반복했다.

"나는 나라의 명을 받아 일본 왕을 암살하려 했다."

봉창은 비공개 재판을 받은 뒤 1932년 10월 10일 일본 이치가야 형무소에서 서른한 살의 나이로 순국했다.

---

*방매하다: 물건을 내놓고 팔다.
**사쿠라다몬: 일본 왕이 궁궐 안팎으로 드나드는 문.

봉창의 일왕 저격 사건은 중국인들을 감동시켰다. 완바오산 사건으로 한국인들이 일본 편인 줄 알았던 중국인들의 오해가 풀린 것이다. 중국 신문에서 이봉창 의거를 크게 보도하자 중국 침략의 기회를 노리던 일본이 움직이기 시작했다.

'이놈들, 가만두지 않겠다.'

상하이 총영사 무라이는 상하이 침략을 계획했다. 일본은 일본인이 중국인들에게 구타당한 사건을 조작하여 싸움을 일으켰고, 이 일을 빌미로 1932년 1월 28일 상하이를 공격했다. 중국군의 완강한 저항으로 불리했던 전세가 시라카와 총사령관의 지원으로 비등비등해지자, 일본은 중국과 정전 협상을 벌였다. 그 와중에 일본인들은 일본이 승리를 거두었다며 상하이를 온통 휘젓고 다녔다. 그러한 모습을 보는 봉길의 마음에는 울분이 쌓여 갔다.

모자 공장을 그만둔 뒤 홍커우 시장에서 채소 장사를 하던 봉길은 김구를 찾아갔다. 일본 첩자의 감시를 피해 은밀하게 김구를 만난 봉길은 자기가 상하이에 온 까닭을 설명했다.

"중국이 일본과 굴욕적으로 정전 협정을 맺었습니다. 국제 정세가 우리나라가 독립을 하기 어려운 쪽으로 가고 있다고 생각합니다. 그래서 저는 목숨을 바쳐 침략자들을 처단하고 싶습니다. 선생님께서는 이봉창 의거를 비롯한 많은 경험이 있으시

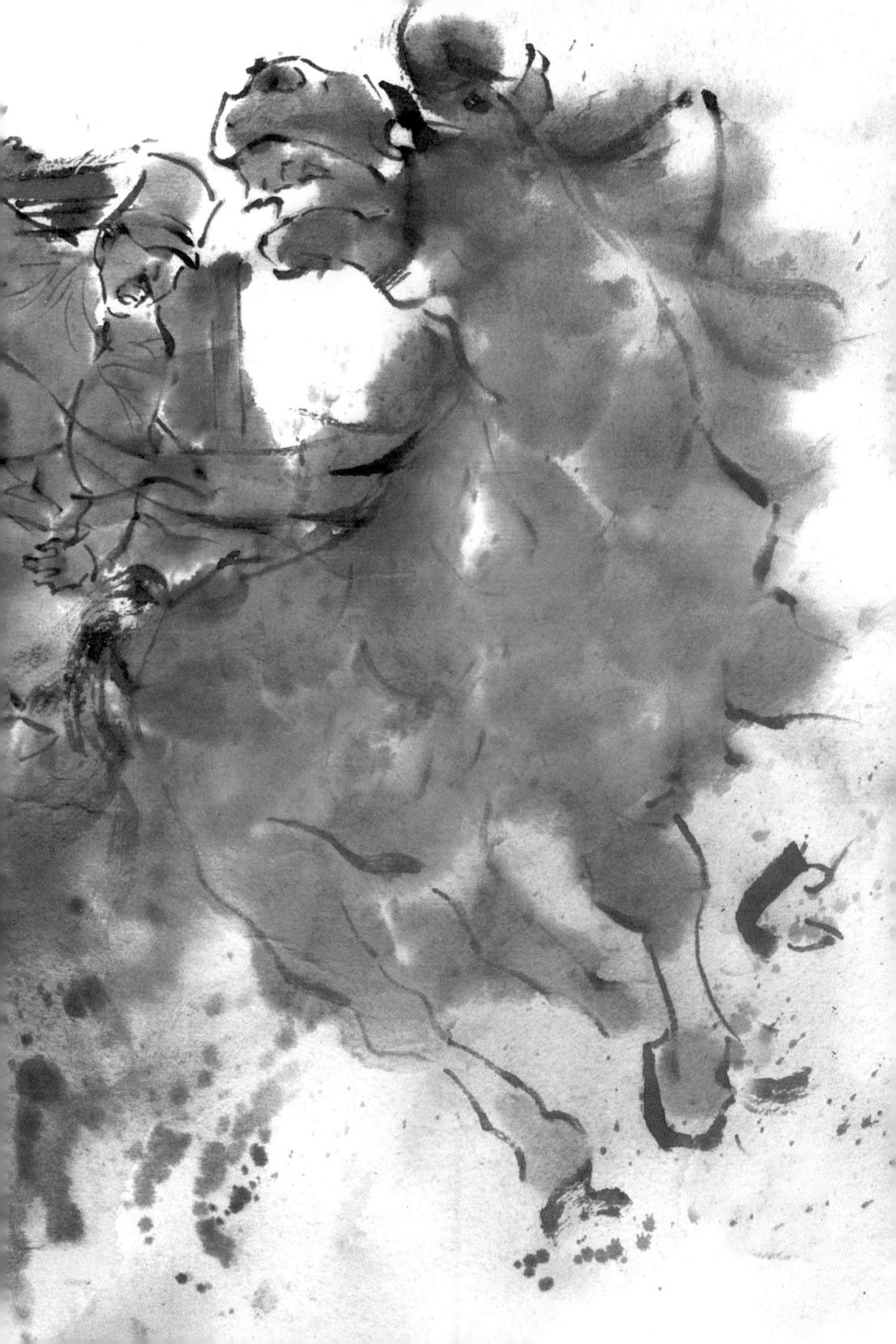

니 저를 믿고 도와주십시오."

김구는 나라를 위해 죽기를 각오한 봉길의 의지에 감탄했다.

"나라를 위하는 일에 나이나 지위가 무슨 상관이 있겠습니까? 오직 조국의 독립을 이끌겠다는 의지가 중요한 것이 아니겠습니까?"

김구는 봉길의 손을 꽉 잡았다.

"조국 독립의 꿈은 반드시 이루어질 것입니다."

"네, 선생님!"

시계를 바꾸다

 그 뒤 봉길은 김구가 머무는 박스 호텔을 찾아 조국의 장래에 대해 마음을 터놓고 이야기를 나누었다. 봉길은 생활비를 벌기 위해 채소 장사를 하면서 신문을 통해 국제 정세를 파악했다.
 1932년 4월 20일, 〈상하이 일일신문〉을 읽던 봉길의 눈이 커졌다.

> 4월 29일 일본 국왕의 생일인 천장절을 맞아 훙커우 공원에서 상하이 점령 승리를 기념하는 축하 행사가 열린다. 일본인이라면 누구나 참석할 수 있다.
> 다만, 일장기, 물통, 도시락 이외의 물건은 가지고 입장할 수 없다.

봉길은 신문을 들고 김구에게 뛰어갔다.

"선생님, 드디어 때가 왔습니다. 하늘이 주신 기회입니다. 일본의 침략을 막고 조국의 독립을 앞당길 시간입니다."

"맞네. 하지만……."

"무슨 생각을 하시는지 알고 있습니다. 하지만 저는 이번 일을 생각하니, 막혔던 가슴이 뚫리고 마음이 편안해졌습니다."

"윤 군과 같은 젊은이가 있어 다행이네. 그래, 우리 한번 일을 내 봅시다!"

잠시 숨을 고른 김구가 말을 이었다.

"이봉창 동지는 폭탄의 성능이 떨어져 실패했으니, 이번에는 더 강력한 폭탄을 준비하겠네."

김구와 김홍일은 폭탄 전문가인 중국인 왕보시우에게 제작을 의뢰했다. 왕보시우는 이봉창 의거를 경험 삼아 지하 동굴을 파고 쇠철판으로 칸막이를 한 다음 제대로 폭발하는지, 폭발의 위력은 얼마나 큰지 등 여러 차례에 걸쳐 실험을 했다.

홍일은 실험을 마친 물통과 도시락 폭탄을 가지고 김구에게 향했다. 봉길은 홍일이 온다는 연락을 받고 부리나케 김구의 숙소로 갔다. 홍일은 폭탄과 함께 주의 사항을 전했다.

"윤 동지, 이 폭탄은 안전핀을 뽑고 나서 4초 후에 터지니 그 안에 모든 것을 결정해야 합니다."

옆에서 듣고 있던 김구가 말했다.

"이제 원수를 갚을 시간만 남았구려. 이제 윤 군도 한인 애국단에 입단해야겠소. 지금 입단식을 합시다."

김구는 한인 애국단의 입단식을 중요하게 생각했다. 입단하는 사람의 애국심을 직접 평가하고, 일본의 중요한 인물을 제거하거나 시설을 폭파할 때는 사전에 충분히 의논하면서 동지 의식을 다졌다. 김구와 봉길은 함께 공근의 집으로 향했다. 거실 중앙에 걸린 대형 태극기 앞에 서서 봉길은 단호한 목소리로 선서문을 낭독했다.

선서문

나는 적성으로써 조국의 독립과 자유를 회복하기 위하여 한인 애국단의 일원이 되어 중국을 침략하는 적의 장교를 도륙하기로 맹세하나이다.

대한민국 14년(1932) 4월 26일
선서인 윤봉길
한인 애국단 앞

선서문을 낭독한 후 김구와 봉길은 태극기 앞에 나란히 서서 사진을 찍었다. 사진을 촬영한 후 김구는 봉길에게 말했다.

"윤 군, 훙커우 공원에 입장하려면 일본인처럼 옷차림을 해야 할 것이네. 이 돈으로 양복을 사서 입고, 훙커우 공원도 한 번 답사하게나."

김구는 봉길에게 은화 이백 냥을 주었다. 봉길은 김구에게 받은 돈으로 양복을 사 입고 이튿날인 27일, 훙커우 공원을 찾았다. 공원에는 며칠 뒤 있을 행사를 준비하는 사람들이 바쁘게 움직이고 있었다. 봉길은 식장 주변을 서성이며 폭탄을 던질 위치를 살폈다. 공원은 일본 헌병들로 북적였지만, 새 옷으로 말끔하게 차려입은 봉길을 의심하는 사람은 없었다. 이어서 봉길은 기념식에 참석하는 시라카와 사령관을 비롯한 중요 인물들의 사진을 구해 얼굴을 익혔다.

공원에서 방으로 돌아오니, 문득 예산에서 생활하던 모습들이 떠올랐다. 아버지와 어머니, 그리고 아내, 첫째 아들 종, 아버지 얼굴도 모르는 둘째 담은 어떻게 자라고 있을까 궁금했다. 이때 문밖에서 김구의 목소리가 들렸다.

"윤 군, 안에 있는가?"

봉길은 얼른 일어나 방문을 열었다.

"선생님 덕분에 모든 준비가 끝났습니다. 이 방의 물건들도 모두 정리가 되었습니다. 고맙습니다."

봉길의 '고맙다'는 말에 김구는 눈시울이 뜨거워졌다.

"고맙다는 말은 내가 해야 하는데……, 죽음의 길로 가는 윤 군을 보니 내 마음이…….."

김구는 말을 잇지 못했다.

"선생님, 제가 선택한 길입니다. 저는 지금 기쁘기 그지없습니다."

"고맙네. 우리는 살아남아 조국 독립을 위해 싸우겠네. 혹시 남기고 싶은 말이나 글이 있는가?"

"진작 말씀하셨으면 더 좋은 글을 남겼을 텐데요."

봉길은 겸연쩍어하며 노트에 자필 이력서와 유시 네 편을 써서 김구에게 건넸다.

그로부터 이틀 뒤인 4월 29일, 봉길은 밤새 뒤척이면서 잠을 이룰 수가 없었다. 새벽에 잠깐 눈을 붙였다가 일어나 창문을 열었다. 하늘이 잔뜩 흐렸다. 혹시라도 비가 올까 걱정이 되었다. 비가 오면 기념식이 연기되거나 취소되어 계획이 물거품이 될 수도 있기 때문이다. 다행히 행사는 취소되지 않았다. 봉길은 기쁜 마음으로 나갈 채비를 했다.

이때 방문을 두드리는 소리가 들렸다. 김구는 아침 일찍 봉길을 데리고 김해산의 집으로 향했다. 해산에게 봉길을 위한 아침밥을 부탁했던 것이다. 봉길이 만주로 떠날 거라고 알고 있는 해산은 함께 상하이에서 독립운동을 하지 못해 아쉬워했다. 밥을 먹고 나니 일곱 시를 알리는 괘종이 울렸다. 봉길은 자신의 회중시계를 김구에게 건넸다.
"선생님, 제 시계는 육 원짜리입니다. 선생님 시계는 불과 이 원짜리인데, 저는 한 시간 밖에 쓸 수 없으니 바꿔 차시지요."

눈시울이 붉어진 김구는 물통 모양과 도시락 모양의 폭탄을 봉길에게 건넸다. 그리고 택시를 불러 봉길을 배웅했다.
"제게는 택시비만 있으면 됩니다."
봉길은 택시비를 빼고 나머지 돈을 모두 김구에게 주었다.
"나중에 지하에서 웃으면서 만납시다."
김구는 봉길에게 마지막 인사를 건넸다.

일본의 심장을 멈춰 세우다

아침 일곱 시 오십 분, 봉길은 훙커우 공원에 도착했다. 공원에 일본 경찰은 보이지 않고 중국인 경비만 있었다. 예상한 대로였다. 봉길은 이른 시각에는 일본 경찰이 아닌 중국인이 경비를 설 것이라 생각하고 일찍 서둘렀던 것이다.

"입장권을 보여 주시오."

중국인 경비의 말에 봉길은 오히려 면박을 주었다.

"내가 일본인인데, 무슨 입장권 따위가 필요합니까?"

봉길의 큰 소리에 경비는 아무 말도 하지 못하고 지켜보기만 했다. 일본에서 유행하는 양복과 스프링코트를 입고 일장기를 든 봉길은 여지없는 일본인이었다. 그렇게 공원에 들어간 봉길은 사전 답사 때 보아 두었던 장소에 자리를 잡았다.

이윽고 식이 시작되었다. 단상과 거리가 먼 데다 모자를 쓴 사람도 있어 누군지 분간하기가 어려웠다. 하지만 중앙에 군복을 입은 사람이 상하이 총사령관 시라카와 대장이라는 것은 알 수 있었다. 그밖에 노무라 해군 대장, 우에다 육군 중장, 시게미쓰 공사, 무라이 총영사, 가와바타 거류민단장, 도모노 거류민단 서기장 등이 자리했다. 상하이에 사는 일본인 1만 명과 상하이 침략 일본군 1만 명 등 많은 사람이 행사를 지켜보았다.

열한 시 사십 분경, 가와바타 거류민단장의 축사가 끝나고 일본 국가인 기미가요가 울려 퍼졌다. 모든 참석자가 엄숙하게 국가에 집중할 때였다.

군중들 사이를 비집고 단상으로 나아간 봉길은 도시락 폭탄과 물통 폭탄 중 도시락 폭탄을 내려두고 물통 폭탄을 던졌다.

쾅! 엄청난 소리가 울리며 식장 중앙에서 폭탄이 터졌다. 일본인 인사들이 우수수 나가떨어지며 행사장은 순식간에 아수라장이 되었다.

봉길은 도시락 폭탄을 주우려 했지만, 순식간에 일본 헌병과 군중들에게 둘러싸여 뭇매를 맞았다.

"대한 독립 만세! 조선 독립 만세!"

기절할 정도로 맞으면서도 봉길은 목청이 터져라 외쳤다. 머리에서 피가 철철 흐르는 채 헌병대로 끌려가면서도 봉길은 태연하고 차가운 미소를 지었다.

전 세계에 일본의 국력을 과시하기 위해 마련한 이날의 전승 행사는 오히려 일본에 치욕만 남기고 말았다.

일본군 사령관 시라카와 대장은 왼쪽 가슴과 왼팔, 복부, 얼굴 등 무려 서른 군데에 파편상을 입고 5월 26일에 사망했다. 상하이 일본인 거류민단장 가와바타는 중상을 입고 실려 갔지만 다음 날인 4월 30일에 죽었다. 일본 해군 제3함대 사령관 노무라 중장은 온몸에 상처를 입었고, 오른쪽 눈을 잃었다. 육군 제9사단장 우에다 중장은 왼발을 잃었다. 주중공사 시게미쓰는 배에 서른 개의 파편이 박히고 오른쪽 어깨가 골절되었으며 오른 다리를 잃었다. 상하이 총영사 무라이는 왼팔과 종아리에 전치 3주의 파편 관통상을 입었다. 거류민단 도모노 서기장은 얼굴과 종아리에 전치 6주의 중상을 입었다. 봉길의 의거로 일본인 인사 두 명이 사망했고, 다섯 명이 크게 다쳤다.

봉길의 의거는 '상하이 사건', '홍커우 공원 의거'라 불리며 널리 퍼져 나갔다. 일본인들에게는 한국의 독립운동가들에 대한 공포심을 심어 주었고, 중국인들에게는 감동을 안겨 주었다. 중국의 최고 통치자인 장제스는 이렇게 말했다.

"중국인 백만 대군과 4억 중국인이 해내지 못한 일을 조선인 청년 한 명이 해냈다."

상하이 의거 후 장제스는 무관심하던 대한민국 임시 정부에 지원과 예우를 약속했다.

한편 일본인 헌병에게 끌려간 봉길은 모진 고문을 당했다.

"폭탄을 던진 이유가 무엇인가?"

"일본에 의해 우리나라가 식민지가 되어, 우리 민족이 참을 수 없는 고통을 당하고 있다. 이를 극복하기 위해서는 독립이 필요하여 폭탄을 던졌다."

"일본 군인 몇 명이 죽는다고 조선이 변할 것 같으냐?"

"당신 말이 맞을지도 모른다. 하지만 우리나라가 어떤 나라인지는 계속 알려야 하지 않겠나?"

"누가 이 일을 시켰지?"

"내 신념에 따라 한 일이다. 나는 누가 시켜서 하는 졸장부가 아니다."

"김구가 시켰지?"

"내가 혼자 한 일이라고 몇 번을 말했느냐?"

당당하게 말하는 봉길에게 일본 헌병의 고문이 이어졌다. 일본 헌병은 김구가 봉길을 시켜서 의거를 일으켰다고 생각했다. 이 일로 김구를 잡아들이려면 봉길의 자백이 필요했기에, 일본 헌병은 온갖 고문을 동원했다. 밤낮으로 가혹한 고문이 이어져 봉길이 죽었다는 소문이 돌 정도였다.

뉴스를 통해 세계에 널리 알려진 봉길의 훙커우 의거는 수많

은 사람의 마음을 움직였다. 사람들의 관심이 부담스러웠던 일본은 빨리 봉길을 처리하려 했다. 그리하여 훙커우 의거가 일어난 지 한 달도 채 되지 않은 5월 25일, 상하이 파견군 군법회의에서 봉길에 대한 판결이 내려졌다.

봉길에 대한 재판은 오로지 단 한 번의 판결로 결정되었다. 재판관이 봉길에게 말했다.

"마지막으로 할 말이 있느냐?"

"너희들은 나를 재판할 자격이 없다. 내 목숨을 빼앗더라도, 나는 지하에서 일본이 망하는 날까지 계속 싸울 것이다."

잠시 숨을 고른 봉길이 말을 이었다.

"아직은 힘이 없어 외세의 지배를 받지만 머지않아 독립은 실현될 것이다. 대한 남아로 할 일을 하고 미련 없이 떠난다."

매헌의 말이 끝나자 재판관이 판결문을 읽었다.

"피고인 윤봉길, 살인·살인 미수·폭발물 단속·법칙 위반 등 피고 사건에 대하여 사형을 선고한다."

예상했던 결과였다. 봉길의 표정은 담담했다. 봉길의 사형 선고 다음 날인 5월 26일에 시라카와 대장이 죽었다는 기쁜 소식이 전해졌다. 봉길의 의거가 크게 성공한 것이다.

매화꽃이 되어

봉길의 사형 집행일이 미뤄졌다. 일본이 봉길을 이용해 김구를 체포하려 했기 때문이다. 홍커우 의거 후에 일본 헌병들이 아무 죄 없는 조선인들을 마구잡이로 잡아가자 김구는 자신이 '윤봉길과 함께 일을 도모했다'고 발표했다. 일본 헌병들은 기다렸다는 듯이 김구를 잡기 위해 전력을 쏟았다. 그러나 중국인들의 협조로 김구는 일본 헌병들을 피할 수 있었다.

봉길은 감옥에 있는 동안 면회도 할 수 없었고, 외부와 단절된 채 시간을 보내야 했다. 예산의 가족들 역시 일본 헌병들의 감시와 협박을 받으며 어려운 생활을 해야만 했다.

봉길의 의거 이후 중국과 일본이 정전 협정을 맺으면서 일본군 대부분이 일본으로 돌아갔다. 11월 18일 봉길은 일본 헌병대와 함께 일본 우편 수송선을 타고 삼 일간의 항해 끝에 일본 고

베항에 도착했고, 오사카로 옮겨져 위수형무소에 수감*되었다. 이때도 면회는 전혀 이루어지지 않아서 봉길이 어떻게 지냈는지는 알 수 없었다.

12월 18일 오후, 삼엄한 경비 아래 봉길은 오사카에서 가나자와의 제9사단 유치장으로 옮겨졌다. 제9사단장은 바로 훙커우 의거 때 중상을 입은 우에다 중장이었다. 봉길에게 복수를 하려 함이 분명했다. 봉길은 이제 생이 얼마 남지 않았다는 것을 느끼고 기도했다.

'내가 죽어 조국이 광복된다면 그보다 기쁜 일이 어디에 있겠는가? 존경하는 백범 선생께서 제2의 안중근, 제2의 윤봉길을 찾아 일본에 큰 타격을 줄 것이니 선생님의 무사를 빌어야겠다. 그러나 나 때문에 고생하는 부모님과 아내, 그리고 아버지 없이 자라는 종과 담이 겪을 어려움이 안타깝구나. 그렇지만 그들 모두 이 윤봉길의 죽음을 떳떳한 자랑으로 여길 것이므로, 나는 아무런 여한 없이 이슬처럼 사라지겠다.'

잠을 이루지 못하고 뒤척이는데 감방 문을 여는 소리가 들렸다. 1932년 12월 19일 오전 여섯 시였다. 봉길은 무장한 헌병들과 함께 유치장을 나섰다. 일곱 시가 넘어 미고우시 공병 작업장에 도착했다. 총살형을 집행할 헌병 열 명과 집행관이 긴장

*수감: 사람을 구치소나 교도소에 가두어 넣음.

하면서 기다리고 있었다. 네모토 검찰관이 봉길에게 말했다.

"마지막으로 할 말이 있느냐?"

"미리 각오하고 있었으므로 아무런 할 말이 없다."

"당신의 소지품을 어떻게 하길 바라나?"

"다 필요 없다."

봉길은 차분한 목소리로 또박또박하게 대답했다. 도저히 죽음을 앞둔 사람처럼 보이지 않았다. 봉길은 믿을 수 없을 만큼 담담하고 침착했다.

형장에는 십자로 된 형틀이 있었다. 일본 헌병들은 흰 무명천으로 봉길의 눈을 가리고 두 손을 십자가에 단단히 묶었다. 그런 다음 바닥에 깔린 거적에 무릎을 꿇리고 다리를 묶어 움직이지 못하게 했다. 일곱 시 이십칠 분, 요란한 총성이 울려 퍼졌다.

일제의 심장부를 뒤흔들고 대한민국 국민의 가슴에 독립 의지를 지핀 윤봉길의 마지막이었다. 한국 독립운동사에 영원히 남을 윤봉길은 조국의 독립을 상상하며 미소를 남기고 생을 마쳤다. 그의 나이 스물네 살이었다.

봉길의 사형 집행 이후 일본은 '시신을 찾아갈 가족이 오지 않아 화장을 하고 유골의 처분 방법을 찾기로 했다'고 발표했다. 하지만 이 발표는 거짓이었다. 사형은 비밀리에 진행되었으므로 봉길의 가족들은 봉길의 죽음조차 알지 못했다. 이후 신문을 통해 봉길의 사형이 집행되었음을 알게 된 가족들은 혈서를 써 가며 봉길의 시신을 돌려받고자 했다. 그러나 돌아온 것은 협박과 고문뿐이었다.

　1943년 11월 22일, 이집트 카이로에 미국, 영국, 중국의 대표가 모였다. 일본 등 추축국이 패배하면 그 뒤처리를 어떻게 할 것인지를 논의하기 위해 모인 자리였다.

　이 자리에서 윤봉길 의사의 의거에 감탄했던 장제스는 한국의 독립을 강력하게 주장했고, 그 결과 12월 1일에 발표된 '카이로 선언문'에 '적절한 절차를 거쳐 한국이 자유롭고 독립적으로 해방되어야 한다.'라는 특별 조항이 들어가게 되었다.

　1945년 8월 15일, 윤봉길 의사의 소원대로 한국은 독립을 이루었다. 나라를 되찾자, 윤봉길 의사의 고향인 예산에서 윤봉길 의사의 시신을 찾는 사업이 시작되었다. 고국 땅을 다시 밟게 된 김구 역시 독립운동가들의 시신을 찾는 일을 국가적 사업으로 진행하려고 했다. 때마침 일본에서도 윤봉길 의사를 비롯해 이봉창 의사, 백정기 의사의 시신을 찾으려는 움직임이 본격화되었다.

　이 사업은 일본 왕과 왕세자를 암살하려다가 발각되어 무려 이십이 년이라는 긴 세월을 감옥에서 보내야 했던 독립운동가

박열을 중심으로 진행되었다. 여기에 일본에서 오랫동안 감옥살이를 한 독립운동가 이강훈과 서상한도 함께 참여했다.

　1946년 3월, 3·1 운동 26주년을 맞아 유해 발굴단이 조직되었다. 유해 발굴단은 본격적으로 윤봉길 의사의 유해를 찾기 시작했다. 유해를 암매장했을 것으로 추정되는 육군 묘지와 인근의 공동묘지를 샅샅이 뒤졌지만, 봉길의 시신은 어디에서도 발견되지 않았다. 이곳을 관리해 온 일본인들에게 물어도 전부 고개를 가로저을 뿐이었다.

　결국 박열이 여기 있는 묘를 다 파헤치겠다고 협박하자 그제야 깜짝 놀란 관계자가 암매장한 장소를 알려 주었다. 대원들은 위치를 듣고 아연실색할 수밖에 없었다.

　"설마 시신을 사람들이 밟고 다니는 길 아래에……."

　일본인들이 알려 준 곳은 육군 묘지의 언덕 밑으로 사람들이 쓰레기를 버리러 다니는 통로였다. 믿을 수 없었지만, 그렇다고 흘려들을 수도 없었다. 이강훈과 박열, 서상한 등 발굴단은 기대 반 의심 반으로 땅을 팠다. 일 미터 정도 팠을까, 삽 끝에 딱딱한 무언가가 걸렸다. 관이었다. 부랴부랴 땅을 파 관을 꺼내 보니 윤봉길 의사의 수의와 구두, 머리카락 등이 나왔다.

　그 자리에 있던 사람들은 하나같이 일본의 비열한 행위에 분통을 터뜨렸다. 일본은 발표와 달리 봉길의 시신을 화장하지

않은 채 땅에 묻었다. 그런 뒤 서너 명의 사람이 땅을 밟아 평지로 만들고 낙엽을 덮어 시신이 묻힌 흔적을 없애 버렸다. 사람들은 아무것도 모르고 그 위를 지나다닌 것이다.

유해 발굴단은 묵념을 올린 뒤 시신을 수습했다. 윤봉길 의사의 유해는 이봉창 의사, 백정기 의사의 유해와 함께 대한민국으로 돌아왔다.

1946년 7월 6일, 윤봉길 의사의 유해는 국민장*으로 장례식을 치르고 효창 공원 묘역에 안장되었다. 형장의 이슬로 사라진 지 십사 년 만에 그토록 사랑한 조국에 잠들게 된 것이다.

*국민장: 국가와 사회에 큰 공이 있는 사람이 죽었을 때, 온 국민의 이름으로 지내는 장례.

더 알아보기

윤봉길 의사의 발자취

칭다오, 독립운동을 준비하다

윤봉길 의사는 상하이로 가기 전 약 일 년간 칭다오에 머물렀어요. 이때 일본인이 운영하는 세탁소에서 일하며 상하이로 갈 여비를 마련하고, 야학과 노동 운동을 하는 동시에 독립운동 자금을 마련해 대한민국 임시 정부에 보내기도 했어요.

상하이, 한인 애국단에 입단하다

선서문
나는 적성으로써 조국의 독립과 자유를 회복하기 위하여 한인 애국단의 일원이 되어 중국을 침략하는 적의 장교를 도륙하기로 맹세하나이다.

대한민국 14년(1932) 4월 26일
선서인 윤봉길
한인 애국단 앞

한인 애국단에 입단한 윤봉길 의사가 한인 애국단 단장인 김구 앞에서 자필로 쓴 선서문이에요. '조국의 독립과 자유를 회복하기 위해 일원이 된다'는 굳센 의지를 엿볼 수 있답니다.

▲ 한인 애국단 선서문을 낭독한 후 권총과 수류탄을 들고 촬영한 윤봉길 의사의 모습이에요.

▲ 태극기 앞에 함께 선 윤봉길 의사와 김구 선생이에요.

더 알아보기

유시와 유언

상하이 의거 이틀 전, 윤봉길 의사는 자신의 생각을 후세에 알리기 위해 자필 이력서 외 시 네 편을 남겼어요. 이력서에는 '성격이 굳세어 다툼에서 진 적이 없다.'라고 쓰기도 했답니다. 마지막에 가족의 이름을 적으면서 가족을 '유족'이라 표현하며 목숨을 바쳐 거사에 성공하겠다는 강한 의지를 나타내고 있지요.

▲ 유서와 자기 소개, 시를 적은 공책의 표지에요. 독립운동을 상징하는 문화재로 인정받아 보물로 지정되었어요.

◀ 윤봉길 의사가 아버지, 어머니, 아내와 두 아들의 이름을 적은 부분이에요. 제목을 '유족'이라고 붙여 이미 자신이 살아 돌아오지 않을 것임을 표현했답니다.

신공원(훙커우 공원)에서 답청하며

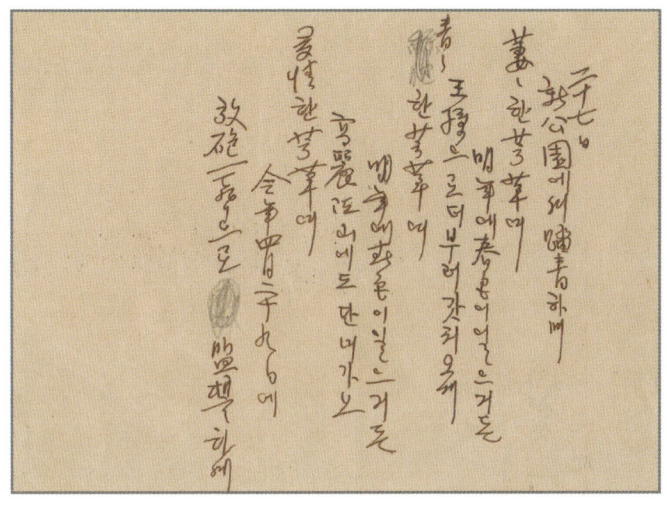

▲ 훙커우 공원을 미리 답사하며 느낀 점을 표현한 시예요. 펜으로 쓴 글씨랍니다.

무성한 봄풀들이여
내년에도 봄기운 돌아오거든
왕손과 더불어 같이 오게나
푸른 봄풀들이여
내년에도 봄기운 돌아오거든
고려 강산에도 다녀가오
다정한 봄풀들이여
금년 4월 29일에
수류탄을 던지는 의거를 맹세하네

윤봉길 의사는 이 시에 대해 이렇게 밝혔어요.
"상하이 신공원의 식장을 미리 조사하러 갔을 때, 내가 밟은 잔디 중 일어서지 못하는 것도 있고, 다시 일어서는 것도 있었다. 그것을 보고 나는 인간도 강한 자로부터 짓밟혔을 때 이 잔디와 다름이 없을 것이라 생각해 슬픈 감정이 샘솟았다."

― 더 알아보기

강보에 싸인 두 어린 병정에게

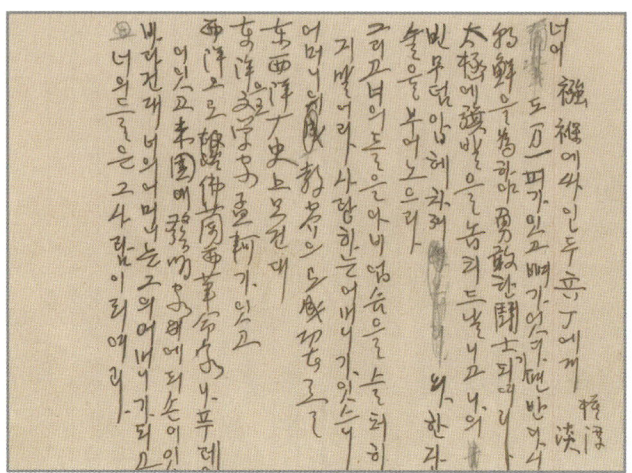

▲ 윤봉길 의사가 두 아들을 생각하며 쓴 시예요.

너희도 만일 피가 있고 뼈가 있다면

반드시 조선을 위하여 용감한 투사가 되어라

태극에 깃발을 높이 드날리고

나의 빈 무덤 앞에 찾아와 한 잔 술을 부어 놓으라

그리고 너희들은 아비 없음을 슬퍼하지 말아라

사랑하는 어머니가 있으니 어머니의 교양으로 성공한 사람은

동서양 역사상 보건대

동양으로 문학가 맹자가 있고

서양으로 불란서 혁명가 나폴레옹이 있고

미국에 발명가 에디슨이 있다

바라건대 너희 어머니는 그의 어머니가 되고

너희들은 그 사람이 되어라

피 끓는 청년 제군에게

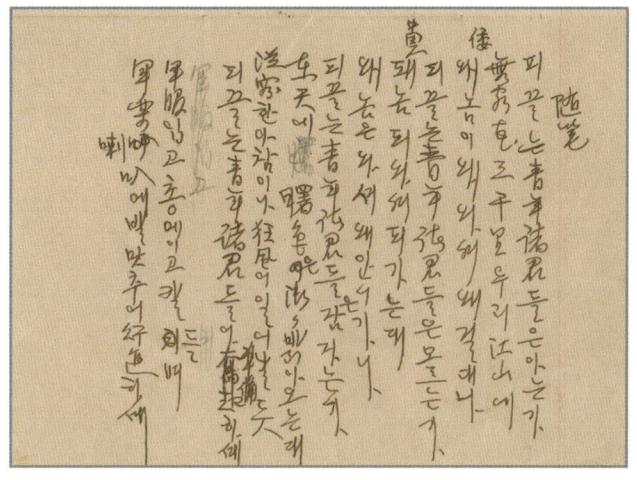

▲ 공책의 거의 마지막 부분, 우리 청년들에게 당부하는 시랍니다.

피 끓는 청년 제군들은 아는가
무궁화 삼천리 우리 강산에 왜놈이 왜 와서 왜 걸대나
피 끓는 청년 제군들은 모르는가
되놈 되와서 되가는데 왜놈이 와서 왜 아니 가나
피 끓는 청년 제군들은 잠자는가
동천에 서색은 점점 밝아오는데
조용한 아침이나 광풍이 일어날 듯
피 끓는 청년 제군들아 준비하세
군복 입고 총 메고 칼 들어
군악 나팔에 발맞추어 행진하세

— 더 알아보기

의거 당일 유품

맞바꾼 회중시계

의거 직전 교체한 김구 선생의 시계(왼쪽)와 윤봉길 의사의 시계(오른쪽)예요.

의거에 사용된 폭탄

사살용인 물통 모양 폭탄과 자살용인 도시락 모양 폭탄이에요.

의거 당시의 소지품

왼쪽에서 차례로 의거 당시 윤봉길 의사가 갖고 있던 도장과 안경 닦이, 그리고 안경집이에요.

세계가 놀란 훙커우 의거

훙커우 의거가 실린 신문 기사

윤봉길 의사의 훙커우 공원 의거를 보도한 일본 〈아사히신문〉의 호외예요. 위 사진은 의거 전 단상의 모습, 아래 사진은 의거 후 체포되는 윤봉길 의사의 모습이 담겨 있어요.

장제스 총통이 보낸 헌사

1968년, 윤봉길 의사 전기 출판을 기념해 장제스 총통이 보낸 글이에요.

순리와 역리를 분별하고
옳고 그름을 가리어 대의를 밝혔으며
삶과 죽음을 알아
올바른 기운을 천지지간에 머물게 하여
의리를 취하고 어짊을 이루었으니
영세토록 잊히지 않으리라.

*사진 이미지 제공 : 매헌윤봉길의사기념관

매헌 윤봉길 의사의 생애

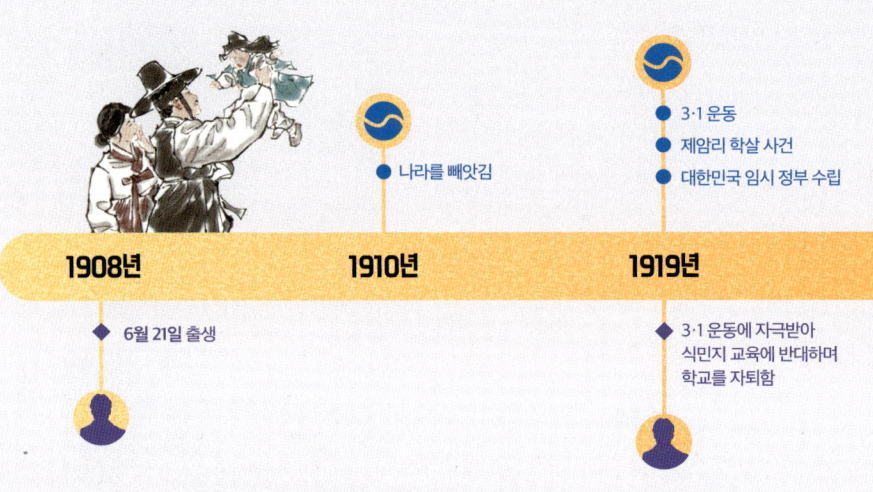

1908년
- 6월 21일 출생

1910년
- 나라를 빼앗김

1919년
- 3·1 운동
- 제암리 학살 사건
- 대한민국 임시 정부 수립
- 3·1 운동에 자극받아 식민지 교육에 반대하며 학교를 자퇴함

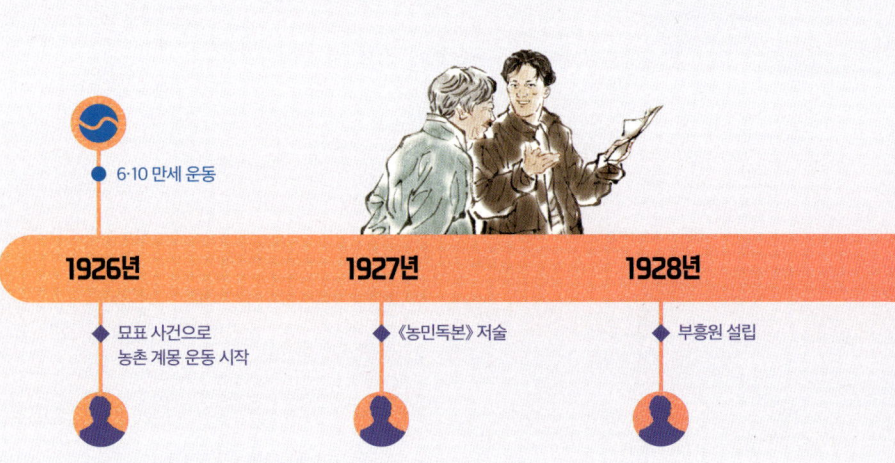

1926년
- 6·10 만세 운동
- 묘표 사건으로 농촌 계몽 운동 시작

1927년
- 《농민독본》 저술

1928년
- 부흥원 설립

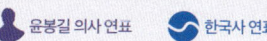 윤봉길 의사 연표　　한국사 연표

1920년
- 봉오동 전투
- 청산리 대첩

1921년
- 오치서숙에서 수학함

1923년
- 암태도 소작쟁의
- 관동 대지진
- 조선물산장려회 조직

1929년
- 광주 학생 항일 운동
- 우화극 〈토끼와 여우〉 공연
- 월진회 조직

1930년
- 유서를 남기고 중국 칭다오로 망명

1931년
- 만주 사변
- 한인 애국단 창설
- 칭다오에서 상하이로 이동
- 김구·이유필·안공근 등과 독립운동

매헌 윤봉길 의사의 생애

1932년
- 1월, 이봉창 의거
- 4월 26일, 한인 애국단 입단
- 4월 29일, 홍커우 공원에서 물통형 폭탄 투척
- 5월 25일, 사형 선고
- 11월 20일, 일본 오사카 육군 형무소에 이감
- 12월 18일, 7시 40분 일본 가나자와 육군공병작업장에서 총살형으로 순국

1933년
- 한글 맞춤법 통일안 제정

1936년
- 손기정, 베를린 올림픽 마라톤 우승

1942년 
- 조선어 학회 사건

1943년
- 카이로 회담

1944년
- 노르망디 상륙 작전

 한국사 연표
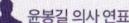 윤봉길 의사 연표

- 중일전쟁 발발
1937년

- 일본식 성명 강요
- 임시 정부, 한국광복군 창설
1940년

- 태평양 전쟁 발발
1941년

- 미국, 일본에 원자폭탄 투하
- 8월 15일, 일본 항복 및 조선 광복
- 9월, 미소 군정 실시
1945년

1946년
- 3월 6일, 유해 발굴단에 의해 유해 발굴
- 5월 15일, 조국에 유해 봉환
- 7월 6일, 국민장으로 효창공원 의사 묘역 중앙에 안장

1962년
- 3월 1일, 대한민국 건국 훈장 대한민국장 추서

불꽃이 된 독립운동가
매헌 윤봉길

초판 1쇄 발행 2024년 01월 24일
초판 2쇄 발행 2024년 11월 15일

글 민병덕　**그림** 강화경　**감수** 이성섭
발행처 주식회사 스푼북　**발행인** 박상희　**총괄** 김남원
편집 길유진 김선영 박선정 이지은
디자인 권수아 정진희　**마케팅** 박병건 박미소
출판신고 2016년 11월 15일 제2017- 000267호
주소 (03993) 서울시 마포구 월드컵북로6길 88-7 ky21빌딩 2층
전화 02- 6357- 0050(편집) 02- 6357- 0051(마케팅)
팩스 02- 6357- 0052　**전자우편** book@spoonbook.co.kr

ⓒ 민병덕, 강화경 2024
ISBN 979 - 11 - 6581 - 463 - 2(73910)

* 저작권법에 의하여 한국 내에서 보호를 받는 저작물이므로 무단 전재와 무단 복제를 금합니다.
* 잘못 만들어진 책은 구입하신 곳에서 바꾸어 드립니다.

제품명 불꽃이 된 독립운동가 매헌 윤봉길		
제조자명 주식회사 스푼북 ｜ **제조국명** 대한민국 ｜ **전화번호** 02-6357-0050		⚠ 주 의
주소 (03993) 서울시 마포구 월드컵북로6길 88-7 ky21빌딩 2층		아이들이 모서리에 다치지
제조년월 2024년 11월 15일 ｜ **사용연령** 10세 이상		않게 주의하세요.
※ KC마크는 이 제품이 공통안전기준에 적합하였음을 의미합니다.